간소한 삶
아름다운 나이듦

BANNEN NO BIGAKU WO MOTOMETE
Copyright ⓒ 2006 by Ayako SONO
First published in Japan in 2006 by Asahi Shimbun Publications, Inc., Japan
Korean translation rights arranged with Ayako SONO
through Japan Foreign-Rights Centre/Shinwon Agency Co.

이 책의 한국어판 저작권은 Japan Foreign-Rights Centre와 신원 에이전시를 통한
소노 아야코와의 독점 계약으로 도서출판리수에 있습니다.
저작권법에 의해 한국 내에서 보호받는 저작물이므로 무단 전재와 무단 복제를 금합니다.

소노 아야코 컬렉션 01

간소한 삶
아름다운 나이듦

소노 아야코
김욱 옮김

리수

머리말

지금도 생생하게 기억나는데, 서른일곱 번째 생일날 나는 강연 장소까지 전차를 타고 갔다. 우리 식구는 다들 형식적인 것을 싫어해서 생일 축하 행사 등은 전혀 계획되어 있지 않았다.

그날 차창 밖 풍경을 보면서 아, 나도 드디어 인생의 반환점에 다다랐구나, 하고 생각했다. 그 시절 여성의 평균수명은 일흔넷이었다. 반환점을 지나고 나면 인생의 걸음이 비탈길을 내려갈 때처럼 조금은 편해질 것이라 믿고 남은 시간들을 맞아야겠다고 나 자신에게 속삭였다.

그 무렵 늙어가는 나를 훈계하고 바로잡아줄 수 있는 가르침이 필요하다고 생각했다. 그때그때 내게 해주고 싶은 말들이 떠오르면 메모를 해두었는데, 예전 기록을 뒤져보니 노트에 '나는 이렇게 나이 들고 싶다(계로록戒老錄)' 라는 제목으로 글을 모으기 시작한 것이 1971년 가을이었다. 처음으로 아우슈비츠를 방문하고 귀국한 직후였다. 《기적》이라는 작품의 취재 때문에 아우슈비츠를 방문했는데 그곳에서 나는 부정맥을 일으킬 만큼 심한 충격을 받고 돌아왔다.

《나는 이렇게 나이 들고 싶다(계로록戒老錄)》가 처음 출간된 것은 1972년, 즉 아우슈비츠 방문 이듬해인 마흔 살 때였다. 그로부터 30여 년이 지난 오늘날, 일본인의 평균수명은 남성 일흔아홉, 여성은 여든여섯으로 연장되었다. 반면에 아프리카처럼 에이즈가 만연하는 곳에서는 평균수명이 겨우 서른여덟 살에 불과한 나라도 있다.

〈한 권의 책〉이라는 잡지에 연재를 시작한 '만년의 미학을 찾아서'의 최종회를 완성했을 때, 내 나이는 일흔네 살이었다. 《나는 이렇게 나이 들고 싶다(계로록戒老錄)》를 발표했을 때의 딱 두 배다. 그렇게 또 세월이 흐른 것이다.

내 나이가 적지 않음을 항상 의식하고 있다. 지금 같아서는 움직이는 데도 불편함이 없고, 남들을 위해 밥을 짓는 봉사활동도 힘에 부치지는 않는다. 꽤 먼 곳까지 여행도 간다. 아직 평균수명에 도달하지 못한 만큼 내가 할 수 있는 일이 더 있을 것 같기도 하다. 100세가 넘어도 건강하게 사는 분을 보면 나의 칠십대는 '죽음에서 자유로운 연령'이라고 믿고 싶어진다. 그러나 나이를 먹을수록 만년이라는 의미가 짙어지고, 또 그 과정에서 새롭게 발견하는 가치도 많다면 그런 즐거움도 나쁘지는 않다고 본다.

나는 어렸을 때부터 죽음이 무섭거나 꺼림칙하지 않았고

오히려 친근하게 느껴졌다. 늘 삶의 끝자락에서 만년의 시점으로 살아가는 듯한 기분이었다. 왜 그랬는지는 모르겠다. 내가 기억 못하는 유아기가 평탄치 못해서 그럴 수도 있겠지만 혈압과 마찬가지로 DNA에 의한 생리적인 특징이 아닐까 싶다. 바오로가 말한 '때가 가까워오고 있다' 라는 구절을 처음 읽었을 때 노년의 감개라기보다는 '인간으로서의 기개' 로 느낀 것도 나의 생리적 특징 때문이라고 생각한다.

각 사람마다 지니고 있는 만년에 대한 미학이 우리 머리 위의 영롱한 밤하늘에 별처럼 빛나고 있는 광경이 눈에 보이는 듯하다.

2006년 봄
소노 아야코

차례

머리말——5
간소할 것——11
명예보다 행복——18
누구나 할 수 있는 하찮은 일을 하라——25
자신에게 충실하라——32
나이들어 건강하려면——39
일상 생활에서 물러나지 않을 것——46
습관적으로 남의 도움을 받지 말 것——53
남에게 의존하지 말 것——60
자립할 것——67
관조하라——74
허세를 부리지 않는다——81

사람들과 어울려라──85
버림받을지라도──93
때로는 거짓을 말하라──99
굳이 교훈을 이야기하지 말라──106
남의 경험담도 재산이다──110
때론 손해를 본다──118
나만의 삶을 음미하라──124
인생이라는 선물에 감사하라──130
인생의 무게가 가볍다──137
죽을 때 침묵하라──143
옮긴이의 말──151

간소할 것

정치에는 관심이 없다. 경제와 관련해서도 돈을 좋아할 뿐 디플레이션 대책이나 은행금리에 관한 기사를 읽어도 이해하지 못한다. 그래도 불경기라 장사가 안 된다는 이야기를 들으면 맞장구 정도는 칠 줄 안다. 경제원리는 잘 모르지만 호황기에 덮어놓고 사재기를 하는 바람에 저금 대신 저물(貯物)이 유행했고, 이제는 일반 가정집이나 맨션의 방마다 물건이 한가득이라는 이야기를 자주 듣는다.

나 또한 한때의 이런 유행에 동참했다. 가령 지난 2년 동안 한 번도 꺼내 입지 않은 스웨터나 블라우스인데도 입기 편하다거나, 슈트 안에 받쳐 입으면 인상이 한층 밝아 보인다는 이유로 여간해서는 처분하려고 하지 않는다. 다행히 정리하는 걸 좋아하기 때문에 장롱에 수납 가능한 만큼의 물건만 산다. 세상 사람들이 전부 나 같지는 않아서 평생 입어도 다 못 입을 만큼 많은 옷을 사들이는 사람도 있다고 들었다. 젊은 직장여성이 카디건이나 스커트, 바지 등을 수십 장씩 갖고 있다는 것이다.

"그렇게 사온 옷들을 입지도 않고 그냥 방구석에 쌓아둔대요."

나한테 이 이야기를 해준 분의 말에 따르면 가뜩이나 비좁은 방이 고물상처럼 변해버린다고 했다. 방 안에는 좁고 꼬불꼬불한 길이 하나 나 있을 뿐 나머지 공간은 홍수를 만난 강변의 흙 부대처럼 종이봉투들로 가득하다는 것이다.

"그럴 걸 왜 산대요?"

나는 소박한 의문을 품었다.

"언젠가는 입을 거라는 얘기겠죠. 모두 바겐세일 때 사들인 것이거든요. 사이즈가 작아서 입지 못하는 것도 있는데, 어떻게든 살을 빼서 입을 작정이니까 그냥 갖고 있다는 거예요."

그분은 그 아가씨의 아버지로부터 이야기를 들었다고 했다. 아버지는 딸에게 "낭비하지 말아라, 방 좀 정리해라"라는 말을 자주 했을 것이다. 딸은 자기 힘으로 일하면서 돈을 번다. 부모에게 얹혀 살면서도 방세와 식비는 내지 않는다. 집안에서 쓰고 싶은 대로 돈을 쓰는 사람은 아무런 의무도 지지 않은 딸뿐이다. 내가 벌어서 내가 사겠다고 나오면 아버지는 뭐라 할 말이 없다.

젊으니까 그렇게 말할 수도 있다. 하지만 이 아가씨는 자신의 죽음에 대해 생각해본 적은 없을 것이다. 칠십 년 후의 죽음 따위는 영원히 오지 않는 거나 마찬가지니까 말이다. 그래서 관리나 보관 문제는 접어두고 닥치는 대로 사들인다.

만년까지 이런 기분으로 살지는 못한다. 만년이란 늙고 젊음을 떠나서 죽음이 가까운 시기를 말한다. 즉 만년이 되면 물건을 관리하고 보관한다는 게 쉽지 않은 일이다.

인도에 갔을 때 산 위에 자리한 성이 한 채 보였다. "누가 살던 성이죠?"라고 물었더니 마하라자(대왕)의 재물을 보관하는 성이었다고 한다. 인도의 왕이 얼마나 많은 재화를 가지고 있는지는 상상도 할 수 없지만 금은으로 만든 접시, 보석을 박아 넣은 마구와 진귀한 시계, 보석으로 상감(象嵌)한 무기, 비단 같은 역대 왕들의 수집품을 보관하려면 창고 몇 개로는 감당이 안 되었던 모양이다. 규모가 크다보니 보관도 중요한 임무가 된다. 많은 사람이 보물을 지키면서 근무한다는 점에서 기업과 같은 역할을 해냈을 것이다. 왕이 실업대책의 일환으로 저렇게 성을 짓고 보물을 쌓아두었는지도 모르겠다.

사람에겐 각기 자기 그릇에 맞은 생활방식이 있다. 그릇이란 기량과 재능을 말하는데, 운명처럼 다가오는 것과 성격에서 기인하는 면도 있다. 가마쿠라 초기인 1212년에 쓰여진 《방장기(方丈記, 방장은 주지 또는 주지의 방을 말한다──옮긴이)》의 작가 가모노 초메이(鴨長明, 1155~1216)는 히노야마에 암자를 만들었다. 주지의 방은 다다미 넉 장 크기였다. 이곳에서 그는 《방장기》를 완성했다. 인도의 마하라자와는 정반대되는 생활이었다.

내 주위에는 억지 이론이나 기묘한 리얼리즘을 사랑하는 사람이 꽤 있다. 《방장기》가 화제에 오르면 "가모노는 책을 어디에 뒀을까요?"라는 질문이 반드시 나온다. 이불을 펴고 한쪽에 작은 책상을 놓고, 젖어도 괜찮은 찻잔은 처마 끝에, 즉 집 밖에 팽개쳐두고, 부뚜막도 밖에 있었을 테고, 찻잔은 냇가에서 닦으면 되니까 부엌도 필요 없고, 화장실도 밖에서 해결했을 것이다. 이런 건 짐작이 가는데 절대로 젖어서는 안 될 소중한 책은 대체 그 좁은 방 어디다 보관했을지 궁금하기도 하고 걱정스럽기도 하다. 나만 해도 책을 보관하는 문제로 언제나 심각하게 고민 중이다.

무상(無常)이 주제인 《방장기》는 가모노 초메이의 나이 쉰여덟에 완성되었다. 당시의 평균수명을 감안하면 만년에 접어들었다고 해도 무방하다.

가모노 초메이는 1077년의 교토 대화재를 언급한다. 35년 전의 일로 그의 나이 스물셋에 경험한 재앙이었다. 무섭게 번지는 불길을 보면서 그는 겁에 질렸을 것이다. 태어나 처음 목격하는 무서운 광경이었을 것이다. 가모노 초메이에게 교토 대화재는 그의 일생을 결정하는 매우 중대한 고비였다. 그는 대화재 앞에서 사람들이 보여준 행동을 다음과 같이 기록했다.

"사람들은 정신을 차리지 못했다. 어떤 이는 연기에 질식해 쓰러지고, 어떤 이는 불길에 휩싸여 기절해 죽었다. 간신히 몸을 피한 사람도 무엇 하나 건지지 못했다. 온갖 보물이 흔적도 없이 타버렸다. 도읍지의 3분의 1이 불에 전소되었다."

당시 불에 타 죽은 사람은 수십 명. 타 죽은 말과 소의 수는 알려지지 않고 있다. 대화재라면서 겨우 수십 명이 불에 타 죽었느냐고 요즘 사람들은 되묻겠지만 가옥이 드문드문 떨어져 있던 도읍지 교토에서 한꺼번에 수십 명이 불에 타 죽었다는 것은 그만큼 불길이 거셌음을 뜻한다.

온갖 보물과 호화로운 주택과 인간의 생명이 단 한 번의 불길로 사라지는 것을 보면서 가모노 초메이의 인생관은 많이 바뀌었을 것이다. 그렇게 바뀐 인생관이 그의 암자에 드러나 있다. 그는 심신의 것은 모두 불에 타버린다는 것을 항시 떠올리며 살아갔다. 몸을 누일 암자도, 필요한 물건도, 사방 3미터의 다다미 몇 장에 머무름으로 족하다는 것을 가모노 초메이는 깨달았다.

나이가 젊든, 늙든 죽음은 반드시 찾아온다. 죽음이 찾아오기 전에, 내가 살면서 얻은 것들을 뒤처리하는 것은 '결산'을 맞추는 일이기도 하다. 그 필요성을 가장 간결하게 표현한 문장이 구약성서 '욥기'에 나오는 욥의 독백이다.

"알몸으로 어머니 배에서 나온 이 몸 알몸으로 그리 돌아가리라."(1장 21절)

가져가고 싶어도 죽은 후에는 무엇 하나 가져갈 수 없다. 죽기 전에 인생을 살면서 모으고 즐거워했던 것을 모두 정리하는 게 바람직하고 속 시원한 일이다. 나도 환갑을 지나면서 오래 전부터 쓰고 싶었던 장편 몇 개와 단편들을 마저 발표하고, 그동안 모아두었던 시시한 잡동사니를 모두 정리해야겠다고 마음먹었다.

　이 나이가 되고서야 비로소 친정어머니의 현명함을 깨달았다. 친정어머니는 성격이 조금 별나셔서 이혼 후에는 외동딸인 나를 자기 지배하에 두고 싶어 하셨다. 그러나 여든셋에 돌아가시기 수년 전부터 신변정리만은 훌륭하게 해내셨다. 어머니는 갖고 있던 반지 몇 개는 조카딸들에게 나눠주었다. 기모노는 병원에 갈 때 입는 것이 두 장, 오키나와산 명주가 두 장이었다. 모두 내가 사드린 것으로 "이건 아무에게도 주지 말아요. 나중에 내가 입을 거예요."라는 말을 기억하셨는지 남겨두셨다. 샌들도 한 켤레밖에 남지 않은 것을 보면 젊은 사람들에게 모두 줘버린 듯싶다. 어머니는 생전에 안구 기증을 약속하셨기에 돌아가신 날 각막이식을 마쳤다.

　어머니와 우리 부부는 같은 부지 내에서 살았다. 다다미 여섯 장에 목욕탕과 화장실이 딸린 별채가 어머니의 공간이었다. 유품 정리에는 반나절도 걸리지 않았다. 여름에 입는 홑옷은 그때만 해도 기저귀 천이 보편적이어서 이를 기저귀로 쓰고 싶다는 시설이 있었고, 그 외에 몇 개 안 남은 옷가지는 모두 낡아서 버렸다. 유품 정리에 반나절이 걸렸다는 것은 다른 집에서는 생각하기 힘들다. 이것이야말로 자식을 위한 교훈이다. 내 친구 중에는 시어머니가 남긴 유품을 정리하는 데 쓰레기봉투가 1000개도 넘게 필요했고, 버리는 데에만 반년이 걸렸다는 사람도 있다.

　자신이 살아온 흔적을 깨끗이 정리하고 자취도 남기지 않고 사라지는 것은 세상에 대한 마지막 예의다. 고인에 대한 추

억은 굳이 물품이 아니더라도 자연스레 떠오르는 기억만으로도 충분하다. 자신의 존재를 알리려고 동상을 세우거나 기념관을 건립하는 것 등은 개인적으로 내키지 않는 일이다.

  범죄를 저질러 기억되는 인생도 있음을 생각해보면 남들에게 원망받지 않고 세상을 떠나는 것만 해도 더없는 성공이다. 만년의 임무는 훗날 나와 관련한 기억마저 사람들에게 남겨주지 않고 모두 안고 떠나는 것이다.

명예보다 행복

문득 이런 생각을 해보았다.
소매치기의 눈에는 어떤 녀석이 제일 마음에 들지 않을까. 겉으로는 헤벌쭉 웃으면서도 상의단추는 단단히 채우고 있거나, 국제공항 카운터에서 체크인 절차를 밟으면서도 바닥에 내려놓은 수화물을 다리 사이에 끼우고 있는 사람을 보면 '재수 없는 녀석' 하고 불쾌하게 여길 것이다.
9월 하순에서 10월 상순까지 20일 간 아프리카를 여행했다. 소심한 나는 물건을 잃어버리지나 않을까 소매치기 당하지는 않을까에 온통 마음을 빼앗겨 갑자기 소매치기를 운운하게 된 것 같다.
나이 들면서 상대방 입장에서 생각해보는 것에 익숙해진 것이다. 이것은 유머의 원천이 되기도 한다. 젊은 시절에는 당장의 삶이 벅차서 나도 모르는 사이에 에고이스트가 되었다. 남들의 시선을 고려하며 나의 행동을 결정할 여유가 없었다.

이를 객관성이라고 부르는 사람도 있다. 객관성이라니, 재미난 표현이다. 나도 소중하지만 나를 쳐다보는 상대방의 입장과 시선도 똑같이 고려해야 하는 분열성을 꼬집는 것 같아 재미있다.

인간의 정신구조에 관심을 갖다보니 요즘 들어 이런 생각을 하게 된다. 세상이 부러워하는 행운을 손에 쥔 사람은 그것을 행운으로 생각하지 않을 수도 있지 않을까, 라는 일종의 망상이다.

예라도 들지 않으면 내가 무슨 말을 하고 있는지 이해가 잘 안 될 것이다. 일본의 프로야구팀 한신을 18년 만에 우승으로 이끈 호시노 센이치 감독을 예로 들까 한다. 2003년에 한신이 우승하면서 정체를 벗어나지 못하던 일본 경제는 약 4000억 엔의 효과를 얻었다고 한다. 이쯤 되면 야구도 큰 사업이다.

신문과 미용실에서 읽은 여성 주간지에 따르면 호시노 감독은 부인을 잃고 손자도 태어난 지 얼마 안 되어 죽었다고 한다. 우승의 기쁨을 함께 나누고 싶었던 어머니마저도 우승이 확정되기 직전에 돌아가셨다고 한다.

호시노 감독이 이룩한 '위업'이라면 누구나 일생에 한 번쯤은 꿈꾸는 성공이다. 한신의 우승이 결정될 무렵 나는 아프리카에 있었다. 시합이 끝나고 호시노 감독이 누린 영광에 대해서는 전혀 모른다. 얼마나 많은 팬이 열광했는지도 모른다.

1만 명의 일본인 중 9999.9명은 호시노 감독 같은 화려한 무대를 체험할 기회가 없다. 그래서 사람들은 호시노 감독처럼 행복한 사람은 없을 거라고 부러워한다.

하지만 나는 이런 행운이 찾아올 때가 가장 위험한 시기라고 생각한다. 총리 선출, 사장 임명, 훈장 수여, 노벨상 수상 등이 어떤 의미인지 나로서는 상상도 되지 않지만 그런 영예와 많은 상금이 당사자 입장에서는 우리가 생각하는 것만큼 엄청난 행운과 기쁨으로 다가오지는 않는다는 것이다.

학창시절 희망하는 대학에 합격하면 정말이지 기쁘다. 지금도 기억나는데 나는 스물세 살에 《멀리서 온 손님》이라는 작품으로 아쿠타가와상 후보가 되었다. 당선은 아니었고 차점인지, 가작인지가 되어 〈문예춘추〉에 실린다는 통지를 받았다. 원고료 5만 엔도 지급받게 될 것이라는 이야기를 듣고 당장이라도 하늘에 오를 것만 같았다. 그때의 5만 엔은 지금과 비교하면 훨씬 거금이다. 그렇다고 한몫 챙겼다고 말할 수준은 아니지만, 인간은 갑자기 터무니없이 많은 돈을 갖게 되면 대부분 불행해진다. 적절하게 사용하지 못하기 때문이다. 반면에 예상치 못했던 적은 액수에는 말도 못할 만큼 행복해진다. 그래서 나이 든 사람들이 주변에 조금씩 '용돈'을 주는 것이다.

내가 호시노 감독이었다면 우승까지의 긴 도정을 되새기며 함께해준 선수를 위해서도, "잘됐다"라며 진심으로 기뻐했을 것이다. 그와 동시에 그간의 고락을 지켜봐준 아내와 어머니의 부재에 깊은 슬픔을 느꼈을 것이다. 사랑하는 사람의 부재는 마음속에 뚫린 동굴이다. 그 어둠과 깊이는 아무도 모른다.

　나라면 우승 같은 걸 하지 않더라도 아내와 어머니가 곁에 있어주는 평범한 일상을 바랐을 것이다. 그런 속내를 구단과 팬과 매스컴 앞에서 대놓고 말하지는 못하더라도 말이다.

　호시노 감독을 보면서 세상이란 참 잔혹하구나, 하고 새삼 깨닫는다. 기쁨 뒤에는 언제나 찬물을 끼얹은 식이다. 기쁨이란 함께 누릴 사람들이 있기에 더욱 기쁜 것인데, 그토록 귀중한 사람들이 떠난 후에야 영예가 찾아온다.

　음식을 만들면서 그런 생각에 잠길 때가 있다. 내가 음식 만들기를 좋아하는 까닭은 집에 있는 가족들과 먹고 싶어서다. 나를 도와주는 비서와 먹고 싶고 나 대신 집안일을 돌봐주는 가정부와 먹고 싶어서다. 그들이 내가 만든 요리를 맛있게 먹어줄 것이라는 기대에 수고할 의욕이 싹튼다. 나 혼자 먹겠다고 주방을 서성이며 귀찮은 짓을 할 리가 없다.

　호시노 감독은 이번 시즌을 끝으로 은퇴하겠다고 밝혔다. 고혈압이라는 건강상의 이유를 들었다. 우승의 여정에는 기쁨에 비례하는 마음의 고통이 동반한다. 쉰여섯은 한창 일할 중년이므로 건강을 되찾아 다시 활약하기를 바라는 팬도 많을 것이다. 내가 호시노 감독이 누린 영광보다 그늘에 더 집착하는 것은 그보다 많은 세월을 살아왔기 때문이다.

　나는 예술원 회원이다. 매년은 아니지만 예술원상 수상식에 참석하고 있다. 천황 내외가 지켜보는 가운데 그 앞에서 상을 받는다. 말 그대로 경사스러운 날이다. 수상자 중에는 휠체

어에 탄 분도 있다. 칠순이 넘어가면 몸에 고장이 생겨도 이상하지 않다. 영광을 받을 무렵에는 몸이 쇠약해져 있다. 내 다리가 부러진 것도 예순네 살 때였다. 9개월 만에 완치되었는데 남편 말로는 내가 넘어지는 것을 본 순간 앞으로는 휠체어를 타겠구나, 하고 생각했다고 한다. 요즘도 언덕길이 무섭다. 부러진 오른발이 약해졌기 때문이다.

예술원상 수상식은 왕실 내빈을 현관에서 배웅하는 것으로 끝난다. 긴장이 풀린 우리는 안도하며 밖으로 나간다. 그 앞 수풀에는 저기 모인 것들은 다 뭐야, 하는 표정의 노숙자 몇 명이 바지주머니에 손을 찔러 넣고 멀거니 우리를 구경하고 있다. 이 우에노 숲 주변은 지금도 노숙자들의 거주지이다.

요즘 일본 경찰은 왕실의 행차를 핑계로 노숙자를 쫓아내지는 않는 모양이다. 왕실도 국민의 일상을 방해하지 않으려고 노력한다. 덕분에 이런 구경을 하게 되었다.

만일 내가 생명과 직결된 병을 앓고 있거나 두 번 다시 휠체어에서 일어나지 못하는 장애를 가진 상황에서 예술원상 수상자로 결정되어 수상식에 참석한다면, 자기 발로 땅을 딛고 살아가는 노숙자를 부러워했을 것이다. 감사를 모르는 망언이라고 나무랄지도 모르지만 그것이 인간의 자연스러운 감정이다.

수상에는 상금이 주어질 때도 있는데 대부분의 속물스러운 작가는 흔히 "명예보다 돈"이라고 외친다. 정직한 고백이므로 마음에 든다.

이런 작가들도 긴 세월 동안 공적을 쌓아 유명한 상을 받고, 막대한 상금을 받게 될 때쯤이면 음식도 마음껏 먹지 못하는 처지가 된다. 옛날 같았으면 장어구이와 튀김을 모두 먹었을 사람인데 나이가 들어 장어 꼬치 하나로 배가 부르다고 말한다.

이제 와서 오랫동안 살아온 낡은 집을 호화롭게 개축할 마음은 없다. 젊었을 때라면 아내 몰래 돈을 주고 만나는 여자가 있었을지 모르지만, 지금은 마음 터놓고 마주할 수 있는 늙은 아내로 족하다. 여류작가도 젊은 시절에는 다이아반지를 갖고 싶어 했을지 모르지만 이제는 주름투성이가 된 손가락을 감추는 편이 더 자연스럽다.

언젠가 나와 기분 나쁠 정도로 사고방식이 비슷한 여성을 만났다.

그녀는 어떤 정치가의 이름을 대며, "앞으로 총리가 될 분이에요." 하고 말했다. 정치 쪽으로는 아는 사람이 한 명도 없는 나로서는 깜짝 놀랄 말이었다. 장차 총리에 오를지의 여부를 어떻게 판단할 수 있었을까.

"왜 그렇게 생각하죠?" 나는 원래 예언이나 점을 보는 것을 즐기는 편이었다. 그녀는 이렇게 대답했다.

"그들 부부에겐 사람들 앞에서 말할 수 없는 괴로운 부분이 많아요."

나는 더 이상 듣지 않았다. 남의 소문은 듣는 것도, 말하는 것도 싫어한다. 소문이란 부정확해서 믿어서는 안 되지만 귀에 들리는 것을 막을 도리가 없다. 그래서 더 싫다.

하지만 그녀의 사고방식은 나와 비슷해서 무척 재미있었

다. 총리가 되더라도 그 부부는 행복할 리가 없기 때문에 총리 일을 잘 해낼 것이라는 주장이었다.

 나이가 들면 그녀처럼 행운과 불행의 평균값을 추정하며 앞으로의 날들을 점치는 경지에 이른다. 마치 시야가 열린다고나 할까. 자연스레 먼 앞날까지 내다보이는 것이다.

누구나 할 수 있는 하찮은 일을 하라

정계나 재계 인사가 자리에서 물러나는 것을 '실각(失脚)' 이라고 한다. 예전에 어떤 분으로부터 '실각' 과 관련해 재미난 해석을 들었다.

"어제까지 데리러오고 데려다주던 승용차가 안 오는 거예요. 택시를 타거나 역까지 걸어가서 표를 사고 전철을 타야 하죠. 그게 비참하고 괴로워서 못 견딜 것 같아요. 그때 다리를 잃었다고 실감한다는군요."

그날 집에 와서 남편에게 그 이야기를 해줬다. 남편은 웃으며 말했다.

"그러니까 나처럼 평소에 걸어 다니면 돼. 난 그런 '다리' 를 의지한 적이 없으니까."

남편은 정말 걷는 걸 좋아한다. 한때 문화청에 근무하며 요즘으로 말하면 일본예술원 대표 비슷한 일을 했는데, 출근할 때 관용차가 대기한 적이 없다. 몇 시, 몇 분 전철의 몇 번째 칸에 타야지만 내릴 때 출구가 가까워서 편하고 복잡하지 않다고 말하는 사람이다. 관용차를 타고 출근하는 것보다 이렇게 전철을 타고 출근하는 편이 훨씬 빠르다고 믿었다.

전철 이용에 밝다는 것을 자랑하는 건 소인배의 기쁨이다. 젊었을 때부터 전철역 등을 외우지 않아도 누군가가 도와줄 거야, 하고 대수롭지 않게 생각했다간 이른 나이에 바보가 된다.

나이 들어 바보가 되지 않기 위해 나는 직접 쇼핑을 하고 음식을 만든다. 내가 아는 방법 중에는 이것이 최고다. 가계부는 옛날부터 쓰지 않았고, 세금 신고도 잘 못해서 전문가에게 부탁하지만 쇼핑과 요리만큼은 될 수 있으면 내가 하려고 한다. 이유의 90퍼센트는 내가 워낙 먹는 걸 좋아하는 먹보이기 때문에 더 맛있게 먹으려고 나도 모르게 종합적으로 머리를 쓴다. 남은 찬거리를 어떻게든 먹어 치우려고 새로운 요리를 개발하다 보면 주방에서 머리를 쓰는 시간이 많다. 치아가 없는 사람, 당뇨병에 걸린 사람, 신장이 나쁜 사람을 위한 요리도 궁리한다. 언제 대접하게 될지는 몰라도 미리 대비하는 차원에서 생각해보는 것이다. 일종의 취미라고 하겠다. 음식 재료와 가격을 외우고, 손끝을 움직이고, 순서를 반복하는 훈련을 하고, 냉장고에 뭐가 있는지를 기억하는 과정에서 상당히 복잡한 두뇌 훈련이 이루어진다.

고령자가 마음에 드는 시설에 입주해 세 끼 식사를 대접받는 것도 나쁘지는 않다. 가사에서 해방된 생활이 오랜 꿈이었다는 사람도 있기 때문이다. 건강 문제로 더 이상 가사 노동에 전념할 수 없는 처지라면 더더군다나 시설 등의 도움을 받아야 한다. 본인은 할 수 있다고 생각해도 머리가 흐려져 레인지 사용이 아슬아슬하다고 주위 사람들에게 걱정을 끼치는 경우도 있다. 인간을 포함한 모든 동물은 최후 순간까지 이를 악물고 자신의 먹이를 스스로 조달하려는 본능에 충실해지는 것이 자연스럽다. 나 같은 성격이라면 식사에 대한 염려가 사라짐과 동시에 노화가 빨라질 것이다.

고령자가 빠지기 쉬운 함정도 생각해봐야 한다. 사람은 나이가 들수록 많든 적든 윗사람으로서 타인의 우위에 선다. 그가 대단하지 않은 사람이더라도 나이가 많으면 사회 미풍상 상좌에 앉는다. 차(茶)도 맨 처음 받는다. "춥지 않으세요?" 하고 일일이 신경 써주고, 계단을 오르내릴 때는 대신 짐을 들어주기도 한다. 이런 미풍이 계속되기를 진심으로 바란다. 대신 고령자는 젊은 세대의 양보와 헌신을 그들보다 훌륭해서, 라고 착각해서는 곤란하다.

과거 사장님으로 불렸거나, 인기배우였거나, 유명한 운동선수, 혹은 존경받는 정치가였던 사람들은 예전에 대중이 베풀어준 극진한 대우를 잊지 못한다. 그래서 단순한 일, 손이 더러워지는 일, 누구나 할 수 있는 일을 하려고 하지 않는다.

직업에 귀천이 없다는 속담은 어떤 직종이나 기능도 사회에 필요하지 않은 것은 없다는 의미에서 옳다. 이를 인정하지 않는 사람은 상상력이 결여되었다고 말할 수밖에 없다. 우리가 사는 세상에는 누구나 할 수 있는 일과 그렇지 않은 일이 있다. 세상은 누구나 할 수 있는 일을 무시하고, 그렇지 않은 특별한 일에 종사하는 사람들을 존경한다. 또 보수도 후자가 훨씬 많이 받는다. 자동차경주 레이서, 기업 재건에 뛰어난 능력을 보여주는 유능한 CEO, 세계적인 디자이너가 이에 해당된다.

내가 말하려는 것은 나이가 들면 더 이상 특수한 사람으로 남아 있을 수 없게 된다는 점이다. 레이서도, CEO, 디자이너도 나이가 들면 일선에서 물러난다. 물러난다는 표현이 기분 나쁘다면 '특수한 사람이라는 위치에서 졸업한다' 고 말하겠다.

옛날부터 평균수명을 훌쩍 넘긴 나이 든 정치인이 고령임에도 불구하고 입후보를 하는 게 이해되지 않았다. 정치가에게는 위기에 대비하는 자세가 요구된다. 사회와 국가가 최악의 상태에 빠질 수도 있다는 상황을 머릿속에 새겨두고 행동해야 한다. 그 같은 임무를 부여받은 사람이라면 자신의 건강이 최악의 상태가 되는 것을 두려워해야 한다.

그래서 평균수명을 지난 나이에도 특유의 카리스마로 정치일선을 지키는 고령의 정치인을 보고 있자면 괜히 답답해진다. 병은 삼십대에도, 사십대에도 내습한다. 병이 두려운 인간은 아무 일도 못한다. 그러나 평균수명을 지난 나이에 또다시 입후보를 한다는 건 상식 밖이다. 작가도 다르지 않다. 나이 들어 연재를 맡아도 상관없지만 언제 무슨 일이 생겨도 이상한 나이가 아니므로 연재를 시작하기 전에 최종회까지의 계획이 완벽하게 수립되어 있어야 한다.

고령자는 책임 있는 일을 계속할 수 있다는 보장이 없다. 개인사업이라면 사장직에서 물러나지 않아도 괜찮다. 자녀나 능력 있는 아랫사람이 대기하고 있을 테니 사장의 신변에 수상쩍은 일이 생겨도 대비를 할 수 있다. 수상쩍을 정도가 아니라 아예 거동이 불편해져도 사장을 대신할 사람이 있다면 그걸로 충분하다. 홀로 조직의 최전선에서 책임 있게 나서야 될 자리에서만큼은 고령자가 앉아 있어서는 안 된다.

나이 들어서도 할 수 있는 아름다운 일은 많다. 오늘 내가 말하고 싶은 게 바로 그런 이야기다. 사회가 '하찮다'고 무시하는 일에 솔선수범하는 것이다. 대체 직종이라고 생각해도 좋다. 이런 일이라면 뒷일을 걱정하지 않아도 된다. 고령자는 병에 걸리기 쉽고, 또 언젠가는 병에 걸려 죽는다. 그가 맡은 일이 사회적으로 하찮은 일이라면 오늘 죽더라도 내일은 누군가가 대신해줄 테니 폐를 끼칠 걱정이 없다.

사회적으로 중요한 일은 사망률이 낮은 젊은 세대에게 맡기고, 늙은이는 젊은이들이 기피하는 천한 일을 도맡는다. 이것이 자연스럽고, 노년세대가 이런 위치를 기꺼이 감수하는 풍조가 하루빨리 사회에 정착되어야 한다고 생각한다.

젊어서부터 잔디밭 제초가 싫지 않았다. 잡초 입장에서는 기껏 힘들게 자랐는데 사람 손에 뜯겨나가면 기분이 나쁠 것이다, 같은 어리석은 생각에 잠기거나, 잔디밭에서 잡초를 제거함으로써 어떤 큰 의미가 주어지는가, 하고 심각하게 고민해본 적은 있어도 깨끗하게 손질된 광경을 좋아하기에 군소리 없이 풀을 깎았다. 나만의 기호이며, 선악으로 논할 문제는 아니다. 같은 이유에서 좁아도 검소하고 관리가 잘된 환경을 좋아한다.

나는 유치원부터 대학까지 모두 가톨릭계 학교를 졸업했다. 학창시절에 외국인 수녀들이 학교 뒤뜰의 숲을 거닐면서 자기만의 침묵에 빠져 로사리오라고 부르는 묵주를 굴리며 기도하는 광경을 자주 보았다. 그녀들은 성당에서도 기도를 했지만 가끔은 자연 속에서도 기도를 했다.

후에 '걷다' 라는 의미의 그리스어가 '페리파테오' 임을 알았다. 그리스인은 걷는 것을 산다는 의미로 인식했다. 그 인식에서 '소요학파(페리파토스)' 가 탄생했다. 걸으면서 이야기하고 가르친다는 소요학파의 이상을 학창시절에 본 수녀님들에게서 확인했다. 그것은 지극히 인간적인 이상이었다고 생각한다.

나는 철학자가 아니므로 이렇게 생각했다. 옛날에는 버스도 전철도 없었다. 사람들은 먹고살기 위해 무조건 걸어야 했다. 말, 낙타, 당나귀 등을 이용하기도 했지만 기본은 걷기였다. 걷기는 인간이 삶을 영위하는 기본 중에 기본이었다. 당연히 생각도 걸으면서 했다. 비교적 단순한 생각이라면 육체노동을 하면서도 가능하다. 힘든 노동이거나 극도로 긴장해야 될 위험한 노동인 경우 사고라는 게 배제되므로 더욱 비참하게 여겨졌을 것이다.

어디서나 볼 수 있는 극히 평범하고 누구든 할 수 있는 작업, 이처럼 손쉽고 하찮은 일은 젊은이 대신 늙은이가 맡아야 한다. 젊은이의 수가 줄어들고 고령자가 늘어나는 시대에는 더욱 그렇다. 굴욕이라면서 외면하는 어리석음은 버려야 한다.

자신에게 충실할 것

    태도가 자연스러우면서도 재미있고, 여럿이 모인 장소에서 빛을 발하는 듯한 사람은 여러 가지 의미에서 자립한 사람, 매사에 의연함을 잃지 않는 사람이다.
    이유는 간단하다. 누구를 막론하고 타인의 보살핌을 받게 되면 아무래도 보살펴주는 사람의 생활 태도에 영향을 받기 마련이라서 본인의 타고난 성품이 점차 흐려진다.
    만년이 아름다운 사람이란, 가능하면 자연스럽게, 그것이 어렵다면 이를 악물고서라도 혼자 살아가려고 작정한 사람일 것이다.
    쉰두 살에 친한 남자친구 여러 명과 사륜자동차 두 대로 사하라를 종단했다. 랠리에 참가한 것이 아니라 그저 느긋하게 사막의 풍경을 감상하고 싶었다. 사람 그림자를 보기 힘든 사막에서 야영을 해야 하는 약간의 위험을 감수하면서 알제리의 알제에서 코트디부아르의 아비장까지 약 40일에 걸쳐 사막을 달렸다.

1480킬로미터의 육로에서 물은 한 방울도 찾아볼 수가 없었다. 물이 없으므로 사람도 살지 않고, 당연히 가축도 보이지 않았다. 사막의 터줏대감인 파리와 모기가 없어서 쾌적하긴 하지만 우물과 주유소가 없는 만큼 무사히 통과하기가 매우 어렵고 위험을 동반한다.

우리가 달린 루트의 일부는 파리-다카르 랠리(파리에서 세네갈의 다카르까지 사하라 사막을 종단하여 1만 수천 킬로미터를 달리는 자동차와 오토바이의 레이스——옮긴이주)의 코스와 겹쳐졌다. 파리-다카르 랠리라면 고속으로 코스를 빠져나가는 운전 기술이 필요하다. 그 대신 사막이 안고 있는 위험은 없다. 당일 숙박지에 도착하지 않으면 수색대가 찾아 나선다. 숙박지에는 물과 휘발유가 가득하고 침대도 있고, 배불리 밥도 먹을 수 있다.

우리의 여행은 물과 휘발유를 직접 차에 싣고 달려야 했다. 일본에서 특별 주문한 두 대의 닛산 페트롤에 200리터에 달하는 장거리 트럭용 가솔린 탱크를 설치했고, 이 외에도 20리터들이 군용 가솔린통을 여분으로 다섯 개씩 준비했다. 물은 하루나 이틀이면 어떻게 방법이 있는데 사막에서 휘발유가 떨어지면 생명과 직결되는 문제가 발생한다. 우리는 무의식중에 '물보다 가솔린'에 집착했다.

한 방울의 물도 나오지 않는 1480킬로미터의 자동차 일주는 닷새 만에 우리의 생활을 바꿔놓았다. 처음에는 쓰고 난 접시를 물로 설거지했는데 상황이 상황인 만큼 1회용 종이접시를 사용하기로 했다. 양치질도, 세수도 하지 않았다. 옷도 갈아입지 않았다. 괴롭지 않았느냐는 질문을 많이 받았는데 그처럼 상쾌했던 경험도 드물었다. 양치질을 하지 않고 세수를 하지 않으면 시간적으로 많은 여유가 생긴다는 것도 그때 처음 알게 되었다. 옷을 갈아입거나 세탁기를 돌릴 일도 없고, 욕조에 몸을 담글 필요도 없다. 그렇게 소비되던 시간들, 적어도 한 시간 가까운 여유를 되찾았다. 일본에서는 절대로 이런 생활을 할 수 없다. 사막은 극도로 건조해서 씻지 않고도 살 수 있다.

사막을 여행할 때처럼 주어진 시간을 내가 원하는 대로 마음껏 사용해본 적이 없다. 달빛에 눈이 부셔 잠이 달아난 밤중에 헤드폰으로 음악을 들으며 광부들이 사용하는 것 같은 헤드램프를 이마에 달고 그날 있었던 일을 빠짐없이 적었다. 만에 하나 조난이라도 당할 경우 사고가 일어나기까지의 경위를 간추려놓는 게 좋을 것 같았기 때문이다. 우리 6명 전원이 죽는다고 해도 사고 원인 따위는 밝혀봐야 소용없겠지만 참가자 중 사막에 대해 가장 무지한 내가 최고 연장자라는 이유만으로 명목상이나마 대장이 되었고, 따라서 이 정도는 의무로서 감당해야 한다고 느꼈다.

개인 사정을 돌이켜보면 여행에 나서기까지 세간의 비난이 없었다고는 말하지 못하겠다. 남편을 두고 두 달이나 사막을 여행하고, 사막에서 어떤 위험과 난관을 만날지도 모르는 일이었다. 게다가 나는 원정에 필요한 자금 대부분을 담당했다. 남성작가라면 매일처럼 해가 떨어지기 무섭게 긴자의 클럽이나 역전의 술집에서 유흥을 즐길 수 있다. 홀로 씨름해야 하는 작가의 심리적 압박은 이렇게라도 하지 않으면 해소되지 않는다.

그런데 나는 유흥에 돈을 써본 적이 없다. 무용강습회에 참여하거나, 비싼 옷을 산 적도 없다. 30년 간 원고료를 받아오면서 처음으로 1500만 엔이라는 거금을 내가 쓰고 싶은 곳에 사용해도 좋다고 가족들에게 허락을 받았다. 허락을 받았다는 표현은 조금 그렇다. 가족들에게 허락을 구한 기억이 없기 때문이다. 내가 번 돈이니 내 마음대로 쓰는 것도 권리라는 생각은 하지 않았다. 남편이나 아들 앞에서 "돈이 좀 들어요. 미안해요."라고 말했을 뿐이다. 남편과 나는 사소한 일로 자주 싸우는데 희한하게도 돈 때문에 싸운 적은 없다. 이유는 잘 모르겠는데 두 사람 모두 돈에 꽤나 인색한 성격이 닮아서 그랬는지도 모르겠다. 우리 부부는 돈의 사용처를 서로에게 숨기지 않는다. 쓸데없는 데 돈을 썼군, 하고 생각한 적은 있어도 한 번 사용한 돈에 대해서는 왈가왈부하지 않았다. 남편도 마찬가지였는데 속으로는 괘씸하게 생각해도 내가 즐거워하는 모습을 보면서 엉뚱한 곳에 돈을 쓰는 편이 내 신경을 자극해서 집안이 뒤숭숭해지는 것보다는 낫다고 계산했기 때문인지도 모른다.

나는 내가 번 돈과 남편이 번 돈을 영어로 "마이 머니 이즈 마이 머니. 히즈 머니 이즈 마이 머니(내 돈은 나의 것. 그(남편)의 돈도 나의 것"라고 곧잘 떠들어댄다. 남편도 그렇게 생각하고 있다면 우리는 무승부겠지만 말이다.

아들은 나의 엉뚱한 모험에 대찬성이었다. 아들은 내가 여행에서 돌아온 후에 결혼했는데, 자기 처의 마음을 풍요롭게 만드는 일이라면 돈을 아끼거나 하지는 않는 것 같다.

쉰두 살이라는 그때의 내 나이를 어떻게 생각해야 될까. 나는 내가 젊지도 않고, 그렇다고 늙은이도 아니라고 생각했다. 일흔이 넘은 지금 생각하면 분명 젊은 나이지만 세상은 이미 쉰두 살의 내가 사하라를 종단하는 것은 무리라고, 그런 일에 섣불리 뛰어들 나이는 아니라고 규정하고 있었다. 나는 이 여행에서 내가 해야 할 일이 무엇인지 고민해보았다. 내 역할은 (부자니까) 돈을 내고, (절차를 생략한 사막용 요리라면 나 같은 실력으로도 가능하니까) 가끔 식사당번을 맡고, (이종면허를 딴 지 벌써 30년이 지났으니까) 평지가 나오면 꽤 오랫동안 핸들을 붙잡고, (조금 이름이 알려졌으니까) 대사관 등을 찾아가 부탁을 하는 것 정도였다.

내가 할 수 있는 일을 찾아서 해내면 된다. 나는 여행 도중 아프거나 하지 않았는데 요령이 있다면 약간 이기적인 생활 태도 때문이다. 남들이 술을 마실 때도 "먼저 잘게요." 하고 일찌감치 누워버린다. "사람 사귈 줄을 모르는군." 이라고 생각하거나 말거나, "이젠 저 여자도 늙었어." 라고 떠들거나 말거나 일절 신경 쓰지 않고 나만의 페이스를 꿋꿋이 고수한다. 원래 나는 젊은 시절부터 저녁에 일찍 자고 새벽에 일어나 활동하는 야생동물형이었다.

여행지에서 오히려 건강을 되찾는 경우가 있다. 일찍 잠들기 때문이다. 수면시간이 줄어들더라도 여행 중에는 수도승 같은 금욕적인 생활을 하게 된다.

최근에야 알게 되었는데 나의 여행은 놀이라기보다는 취재 활동에 가까운 것 같다. 놀지도 못하고 일이나 하다니 안됐군요, 하는 위로를 들을지는 몰라도 취재는 놀이보다 훨씬 깊이가 있기에 무척 재미있다. 모처럼 떠난 여행에서 밤늦도록 노느라 잠도 제대로 못 자고, 다음 날 낮에는 버스 안에서 꾸벅꾸벅 조는 것처럼 시간낭비는 없다고 생각한다. 버스의 차창 밖으로 펼쳐진 풍경은 영원히 잃고 마는 것이다.

사하라 여행은 특별한 목적이 없는 내키는 대로 하는 여행이었지만 훗날 내가 아프리카와 중근동의 건조지대에서 봉사활동을 하는 데 많은 도움을 주었다. 그 지역을 이해하는 데 결정적인 기초지식을 제공해주었다.

세상은 조금이라도 상식적이지 않다고 판단하면 가차 없이 비난을 쏟는다. '일반적인 것과 다르다'는 게 비난의 구실이 되곤 한다. 그러나 자신의 인생, 자신의 시간은 스스로 관리해야 한다. 살인, 방화, 절도, 사기가 아니라면, 가족이 배신당했다고 느끼거나, 심하게 반대하거나, 가정 경제의 근간을 뿌리째 뒤흔드는 일이 아니라면 세상과 타인이 무슨 말을 하든 자신이 하고 싶은 말을 하면서 사는 것이 바람직하다.

가망이 없다고 판명된 환자가 '실크로드 여행' 같은 육체적으로 고단한 여정을 통해 건강했던 자신을 되찾는 광경을 보게 된다. 내가 매년 동행하는 이스라엘 성지순례 및 성서공부 여행단에는 장애자와 고령자가 많다. 그들이 사막의 유목민 텐트에서 하룻밤을 보낸 후 "사막에서 별을 봤어요. 살아서 사막까지 올 거라고는 생각도 못했는데…" 하며 감개무량해하는 소감을 말할 때면 정말이지 함께 오길 잘했다고, 도와주기를 잘했다고 생각하게 된다.

몇 살에 죽든 인간은 죽기 전에 두 가지 일을 점검한다. 내가 얼마나 사람들을 깊이 사랑했는가, 또 사랑받았는가, 그리고 얼마나 즐겁게 살았는가이다. 이 두 가지 점검에서 남들 못지않았다고 납득되면 죽음을 받아들이기가 한층 쉬워질 것이다.

나이 들어 건강하려면

젊은 시절부터 늙는다는 것에 관심이 많았다. 사람은 몇 살 쯤이면 자주 병에 걸릴까. 몇 살쯤이면 행동이 불편해질까. 몇 살쯤이면 노인 특유의 버릇이 생길까. 머리 모양을 어떻게 해야 늙어서도 추하지 않고 눈에 잘 띄지 않을까.

꾸준한 관찰에 의하면 대다수 사람이 일흔다섯까지는 심신의 건강을 유지하는 데 큰 어려움을 겪지 않는다. 일흔다섯 살부터 개인차가 나타나는 것 같다. 육십대와 비교해서 몸과 마음의 기능이 조금도 쇠퇴하지 않는 사람이 있는가 하면 갑작스레 다리와 허리가 약해지고, 말수가 지나치게 줄어드는 사람도 있다. 따라서 일흔다섯 살에도 일상의 행동이 가능한 몸이라면 행운으로 여겨야 한다.

일흔다섯 살이라는 또 하나의 분기점에서 어떤 길을 걸어

갈 것인가. 인간의 운명은 소질과 노력이 반반이다. 소질은 조상에게서 받은 DNA의 결과이므로 고민해도 어쩔 도리가 없다. 그렇기 때문에 노력에 인생의 조타수 역할을 맡겨야 하는 것이다. 이는 곧 책임이다.

스무 살 무렵부터 동인잡지에 가담했다. 외동딸이어서 남자들과 생활할 기회가 없었기에 모든 것이 신기했다. 각자 개성이 넘쳤다. 지금 생각해보면 다들 상냥하고 신사적이었다. 그들 눈에 나는 재미없는 아가씨였을 것이다.

그들의 생활을 소설로 옮겨보는 것도 재미있겠다는 생각이 들었다. 특히 술자리에서는 정말 가관이었다. 살면서 '자제'라는 단어를 떠올려본 적이 없을 것 같은 사람이 여럿이었다. 당시 사람들은 문학을 지망한다면 술 정도는 뒤집어쓸 정도로 마셔야 한다고 생각했다. 내가 처음 만난 평론가는 그 유명한 우스이 요시미 씨였는데 장난기 가득한 시선으로, "소설을 쓰려는 사람은 속된 말로 '여자·병·가난'을 겪어보지 않으면 안 된다, 라는 말이 있는데 당신은 그중에 뭘 할 수 있지?" 하고 물었다.

우스이 씨의 시선에는 자신이야말로 그 따위 말 같지도 않은 전설은 믿지 않는다는 기색이 역력했다. 나 역시 근시 외에는 몸이 건강하고, 전당포를 들락거릴 만큼 가난하게 지낸 적도 없고, 어려운 처지의 남자를 만나 고생해본 경험도 없었다.

회사 영업부에서 일하다가 위궤양에 걸리고, 그 후 직장암으로 고생한 아버지를 지켜봤던 나로서는 문학청년들의 방자

한 생활 태도에 적잖은 충격을 받았다. 술은 마시고 싶을 만큼 마셔야 된다는 사람들을 보면서 '강한 사람은 강할 수밖에 없어' 하고 묘하게 납득해버렸다.

술과 여자를 멋대로 품었다가 그게 원인이 되어 병으로 쓰러지는 작가를 파멸형 작가라고 부른다. 다자이 오사무가 그 전형일 것이다. 우리 때는(나도 마찬가지로) 다자이의 삶을 약간씩은 동경하고 있었다. 그러나 현실에서는 주변 사람들을 난처하게 만드는 난잡한 생활일 뿐이다. 다자이 오사무는 '다마가와 강'에 애인이었던 여급과 투신했다. 다마가와 강은 수원지로, 사람들이 마셔야 될 물이다. 사정을 떠나서 사리에 맞지 않는 행동이었다. 다자이의 소설은 좋아하지만 다자이 맛이 나는 물이라면 기분 나빠서 마시기 싫다.

술에 강한 사람이 모든 면에서 강할 것이라는 내 생각은 사실과 달랐다. 가정도 꾸리지 않고 어딘가에 여자를 숨겨두고 있거나, 또는 결혼 후에도 집에 잘 안 들어가고 밖에서 맴도는 사람들은 술과 도박에 절어 오래 살지 못했다.

장수가 인생의 목적은 아니다. 그러나 술 때문에 간과 신장이 망가져 삼사십대에 죽는다면 애석하기 그지없다. 동인잡지 시절 교분이 있던 사람은 모두 상냥하고 신사적이었지만 많은 사람이 불규칙하고 문란한 생활로 일찍 쓰러졌다.

자동차만 해도 기계를 잘 아는 사람은 절대로 무리하지 않는다. 그래서 오래 간다. 오일 교환과 타이어 공기압 등을 유지하는 데 신경을 쏟는다. 아낀다기보다는 적절한 수준에서 자주 움직여줌으로써 녹이 스는 것을 방지한다.

인간도 다를 바 없다. 인간과 기계의 차이점이라면 인간에겐 심리, 혹은 감정이라고 부르는 무엇인가가 있다. 심리와 감정에 따라 물리적인 인과관계를 초월할 때가 있다. 기계와 달리 계산대로 결과가 나오지 않기 때문에 인생은 즐겁다. 이것만은 반드시 이루겠다는 목적이 있다면 약간 무리를 해도 몸과 마음은 견뎌낸다. 그렇다고 항상 견뎌내는 것은 아니다. 몸과 마음을 제대로 손질해두지 않으면 언젠가는 쓰러지고 만다.

나는 기회가 될 때마다 싱가포르의 낡은 맨션에서 지낸다. 일본에 있을 때처럼 전화가 걸려오는 일도 없어서 집중이 필요한 원고를 쓸 때 큰 도움이 된다. 반면에 생활은 일본에서보다 바쁘다. 아침을 먹고 타일 바닥을 대걸레로 닦느라 꽤 애를 먹는다. 우리 부부가 30년 가까이 된 이 낡은 맨션을 구입한 것은 벌써 10여 년 전이다. 건축 당시에는 싱가포르가 번화하기 이전이어서 맨션임에도 방 배치에 여유가 있었다. 주방만 다다미 12~14장 크기다. 주방 바닥에 깐 타일이 쉽게 때가 타서 밥 먹기 전에 항상 걸레질을 해야 했다. 도쿄에서는 해본 적이 없는 중노동이었다. 이 정도 가사노동은 내 어머니 시절에만 해도 극히 일상적인 풍경이었다. 가사는 완력을 필요로 한다.

돌아가신 고준 왕후(쇼와 일왕의 왕비, 1903~2000)가 한때 유명 체조선수의 지도로 운동에 매진했다는 뉴스를 들었다. 오랜 세월 쇼와 일왕의 왕비로서 우리 평민과는 달리 몸에 좋지 않은 생활을 계속해왔기 때문일 것이다.

고준 왕비가 체조선수의 도움으로 운동을 시작했을 때 그녀는 이미 상당한 나이였다. 왕비가 되고부터 무거운 것을 들거나 나를 일이 없었으리라. 하지 않았던 게 아니라 할 기회가 없었을 것이다. 가방만 해도 나 같은 여자는 늘 큼지막한 것을 들고 다닌다. 싸게 파는 곳을 발견하면 언제든지 사서 담을 수 있도록 말이다. 시내를 한 바퀴 돌면 가방이 금방 터질 듯이 부풀어 올라 무겁다. 그런 생활이 우리의 근력을 유지해왔다.

고준 왕비는 어찌 보면 생활에서 희생을 강요당했다. 우리의 생활에는 지속적인 훈련이 필수다. 몸의 근육을 빠짐없이 사용하고, 사소한 일에도 항상 주의를 기울이며 긴장해야 한다.

은퇴 후 유유자적(悠悠自適) 시간을 보내겠다고 말하는 사람들이 있는데, '유유자적'에 대한 해석이 조금 잘못되었다고 느껴질 때가 있다. 자적(自適)이란 무엇에도 속박당하지 않고 내 마음대로 즐긴다는 뜻이다. 그런데 현세에서 이 '자적'이 말 그대로 이루어지기는 어렵다. 육신의 평안함과 안락만을 추구하며 산다는 것은 사회적 룰을 깨고 옛날의 어느 황제처럼 수백 명이 넘는 시녀에게 둘러싸여야만 가능하기 때문이다. 하지만 수백 명의 시녀에게 둘러싸인 생활은 그 자체로 하나의 속박이므로 이 또한 자적과는 거리가 멀다.

은퇴 후 지향하는 유유자적은 자기완결형이다. 산 속의 암자에 혼자 살아도 생존에 필요한 심신의 능력을 갖추고 있으므로 탈이 날 것이 없다. 그러기 위해서는 역시나 젊은 날부터 절제라는 훈련을 게을리해서는 안 된다.

산에서 혼자 생활한다면 땔감을 모으고, 물을 긷고, 지붕에 비가 새는 것을 스스로 고쳐야 한다. 요즘 같은 시대에는 오지의 벽촌이더라도 땔감을 모으고 물을 긷거나 하지 않는다. 그 대신 쓰레기 버리는 날을 기억해야 하고, 가스와 수도세를 어떻게 낼지를 정해야 한다.

운명의 절반은 스스로 만든다. 타고난 절반은 그렇다 쳐도 남은 절반에서 항시 조절하고 지속적으로 훈련하지 않으면 결국 실패한다. 난 위대한 인물이니까 누구에게든지 폐를 끼쳐도 상관없다고 믿는 사람이 아니라면 훈련과 절제를 통해 타인을 배려하는 삶을 몸에 익히는 것이 인간으로 태어난 사명이다.

사회적으로 높은 위치에서 활약한 내가 청소기를 돌리고, 냉장고와 헛간에 뭐가 있는지를 기억해야 하는가, 라고 말하는 그때가 노망의 시초라고 본다. 가사는 여성들의 영역이라고 생각한다면 노망의 시작과 더불어 심각한 여성차별주의자임을 공표하는 것과 마찬가지다.

철학과 문학은 주방과 헛간에서도 존재한다. 뉴턴과 사과나무 이야기를 들을 때마다 과학도 밭이나 과수원과 깊은 연관이 있음을 깨닫는다.

사무나 집안일을 하지 않으면 손가락을 쓸 일이 없다. 근육을 움직일 기회가 줄어든다. 노동에 상하를 매기는 것은 인간의 경직된 정신을 보여주는 것 같아 무참하기까지 하다.

어차피 정년 이후는 자유다. 직장에 나갈 필요도 없다. 마음에 들지 않는 상사의 심리를 연구할 필요도 없다. 그러나 현실에서는 자유인은커녕 직장에 다닐 때보다 자유롭지 않다고 토로하는 사람이 많다. 뭘 해야 될지 모른다. 책도 읽지 않는다. 생활에 필요한 최소한의 가사가 뭔지도 모르고 순서도 모른다. 내 몸이 원하는 신변잡기적인 일조차 하지 못한다.

모든 게 마음가짐이다. 재미있다고 생각하면 못할 게 없다. 내가 주체로 나서면 그만큼 자유로워진다. 남들이 해줄 것을 기대하지 말고 스스로 남을 위해 움직여야 한다. 그것이 어른이 된 성인의 목적이 아닐까. 노인이든, 병으로 죽음을 코앞에 둔 장년이든, 그 원칙에는 조금의 변화도 없다.

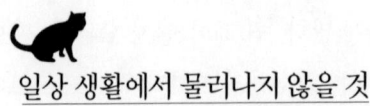
일상 생활에서 물러나지 않을 것

 내 나이는 칠십대 초반이다. 나이에 비해 특별히 젊지도, 아프지도 않다. 보통 사람들과 비슷하게 살고 있다. 치아는 모두 내 것이다. 틀니를 하지 않아도 된다고 자랑하고 싶지만 태어날 때부터 근시가 심해서 남들이 치과에서 쓰는 돈을 어렸을 때부터 안경을 사는 데 써버렸다.
 옛날에 누군가로부터 "사람은 모두 자기 나이에 맞게 보여요."라는 말을 들었다. 나는 이 말이 무척 마음에 든다. 순간 젊게 보여도 몇 분 지나면 동작 등에서 어딘지 모르게 늙음의 냄새를 풍긴다. 겉으로는 무척 늙어 보이는데 함께 지내다보면 젊게 느껴지는 경우도 있다.
 인도를 방문해 한센병원을 취재했을 때 겪은 에피소드다. 일본인 의사를 따라 지방순회 진료에 동참했다. 인도의 가난한 집안 여성들은 좋은 옷을 입고, 얼굴에 크림 따위를 바를 여유가 없다. 머리카락에는 이가 버글버글하고, 소를 키우고 밭을 일구느라 먼지와 햇빛에 장시간 얼굴이 노출되어 깊은 주름이 새겨 있다. 영양이 부족함에도 아이를 많이 낳아 다들 노파처럼 보였다. 충격이었다.

의사를 도우며 수천 명의 환자를 관찰하다가 놀라운 사실을 발견했다. 어느 날 '노파' 한 명이 진찰대에 누워 진료를 기다릴 때였다. 이는 두 개밖에 남아 있지 않았다. 머리카락은 빗자루처럼 퍼석퍼석했다.

의사는 초진인 그녀를 순서대로 진찰했다. 한센병 진단은 피부를 확인하는 데서 시작된다. 희미한 반점, 반점 부분의 융기 유무와 감촉. 나는 의사가 아니므로 함부로 말할 수는 없지만 주로 손목과 얼굴 등에서 진단의 실마리가 될 만한 증상이 발견되는 것 같았다.

'노파'는 손등도 쭈글쭈글했다. 비쩍 야윈 데다 매일 허리를 굽히고 농사일을 했기 때문이다. 햇볕에 탄 그 손은 일본에서는 예순이나 칠순이 넘은 사람들에게서나 볼 수 있었다. 의사가 그녀의 윗옷을 들추고 등을 확인하려고 했을 때 나는 깜짝 놀랐다. 그녀의 속살은 노파의 그것이 아니었다. 기껏해야 삼십대의 젊고 여린 속살이었다.

사람은 누구나 살아온 만큼 나이를 먹고 늙는다. 다른 사람이 젊어 보인다고 겉발림 말을 해도 내 몸은 나를 속이지 않는다. 외모도, 신체 기능도 저하되는 게 당연하다.

몸이 노화되는 속도를 늦추는 방법이 있기는 하다. 피부 노화를 늦추는 방법은 잘 모르겠지만 육체와 정신의 노화를 방지하는 방법은 알고 있다. 생활의 일선에서 물러나지 않는 것이다. 일상 생활의 영위를 남의 손에 맡기지 않는 것이다.

생활에는 예기치 못한 잡다함이 가득하다. 갑작스러운 강풍으로 지붕이 날아가고 방금 구입한 텔레비전의 화면이 이상해지고, 가족 중에 제일 건강했던 여동생이 병에 걸리고, 임대한 땅에 집을 짓고 살았는데 주인 아저씨가 죽자 그 아들이 임대료를 올려 받으려고 셋트집을 잡기도 한다. 복권 당첨 같은 갑작스러운 행운이 찾아오면 어떻게 해야 좋을지를 고민한다. 주변 사람들에게 알려졌다간 괜히 욕을 먹을 수도 있고 돈을 달라고 조르는 사람도 생길 것이다. 이런 상황이 계속된다면 차라리 복권에 당첨되지 않는 게 나았겠다고 말하는 사람도 있을 것이다.

하지만 이 모든 게 생활이다. 노인에게는 시시한 것들이 생활에서 중압감으로 다가온다. 거실의 높은 천장에 달려 있는 전구가 나가거나 잼의 병마개가 열리지 않고, 눈 오는 날 정원수가 부러져 현관을 막기도 한다. 젊었을 때라면 별것도 아닌 일들이다. 그런데 나이가 들면 손가락에 힘이 떨어져 과자 봉지 하나 마음대로 뜯지 못한다.

하지만 고령자나 죽을병에 걸린 사람이더라도 생활에서 은퇴해서는 안 된다. 나도 한때는 실버타운을 동경했다. 얼마 전까지만 해도 몸이 불편해지면 실버타운 같은 시설에 들어가야 한다고 생각했는데, 요즘은 이런 시설에서 지내는 위험성을 자각하고 있다. 실버타운 입주자들은 머리도 잘 돌아가고 운동도 충분히 할 수 있는 건강한 신체의 소유자임에도 내 손으로 밥을 하지 않아서 좋다며 실버타운의 장점을 설명하고 있다.

정신없이 바쁜 날에는 식사 준비도 큰일이다. 어떻게든 빠져나가고 싶어 이것저것 궁리한다. 외식도 대안이 될 수 있다. 그래도 매일의 식사 준비는 두뇌와 기억력을 유지해주는 트레이닝이라는 점에서 권장하고 싶다. 냉장고 관리는 그 자체로 두뇌 회전을 필요로 한다. 나는 성격이 옹졸해서 웬만해서는 찬거리를 버리지 않고, 남은 음식을 버리는 것도 무척 싫어한다. 남은 음식으로 색다른 요리를 만들 수는 없을까, 날마다 고민한다. 마트에 가는 게 귀찮아서 남은 찬거리로 한 끼 정도는 어떻게 되지 않을까, 매일 몇 번이나 생각에 생각을 더한다.

생활은 잡다한 사건들의 백화점이다. 전구가 나갈 때를 대비해서 잊지 말고 미리 사둬야 한다. 주방벽지가 보기 흉할 정도로 거무스름해졌다면 내일 오후에 깨끗이 닦자고 그 전날 계획을 세워야 한다. 이런 일을 기쁜 마음으로 하는 게 아니다. 오히려 "귀찮아 죽겠네"라는 불평이 절로 나온다. 하기 싫은 일을 하지 않으면 인간은 바보가 된다. 왜냐하면 그것이 이 세상의 실상이기 때문이다.

머리에 무슨 문제가 생긴 것도 아닌데 실버타운 거주자들은 입버릇처럼 이렇게 묻는다.

"내가 뭘 해야 하죠?"

"거기까지 어떻게 가는데요?"

놀랍게도 대부분 대학 출신에 두 다리가 멀쩡하다. 매달 수령하는 연금이 넉넉한 편이어서 돈 때문에 궁색할 이유가 없고, 시력도 아직까지는 좋다.

낯선 곳에서 약속이 잡혔다면 거기까지 어떻게 가야 하나, 라는 불안 때문에 질문을 하는 것쯤은 이해할 수 있다. 그렇더라도 "가장 가까운 역은 어딘가요?", "지하철이라면 어느 역에서 내려야 하나요?", "급행은 한 시간에 몇 대나 있나요?" 하고 구체적인 방법을 묻는 게 자연스럽다. 다짜고짜 "거기까지 어떻게 가나요?" 하고 상대방에게 모든 것을 떠넘기는 말을 들을 때마다 자신의 행동과 지성과 결정을 포기해버린 오늘날의 노화를 보는 것 같아 씁쓸하다.

몇 년 전 아프리카 부르키나파소의 수도 와가두구 근교에서 우리 상식으로는 도저히 믿기지 않는 문화를 알게 되었다. 그곳에서는 사람의 죽음을 수명과 질병의 결과로 생각하지 않는다. 누군가가 죽은 사람을 저주했기 때문이며, 주술사가 그 '범인'을 찾는다. 수사 방법은 주술사가 기도로 신의 응답을 구하거나, 목이 반쯤 잘린 닭이 뛰어가다가 쓰러진 곳에서 가장 가까이에 있는 사람을 지명하는 것 두 가지다. 내 눈으로 범인을 결정하는 의식을 보지는 못했으므로 이게 정확한 정보인지는 확실하지 않다.

다만 우리는 그 의식의 결과를 목격했다. 범인으로 지목된 사람은 마을에서 추방된다. 어찌 된 영문인지 기술이나 재산이 있는 사람들은 용의선상에서 항상 제외된다. 거의 대부분 늙은 여성이 범인으로 지목된다. 그녀들은 체력이 약하다. 마을에서 추방당한 여자들은 정처 없이 방황한다.

지목된 범인 중에 마을 지도자의 어머니, 또는 주술사의 할머니는 없다. 마을 권력자의 가족이 범인으로 지목되거나 마을에서 추방당하는 일은 없다. 혼자 힘으로 자신의 생존을 책임질 수 없는 노동 불가 인구를 마을에서 책임지는 것은 가난한 공동체로서는 큰 부담이다. 그래서 합법적인 도태 방법으로 이런 식의 추방을 생각해낸 모양이다. 그 때문인지 추방되는 '범인' 중에 남성은 극히 드물다. 남자는 나이가 들어도 육체 노동에서 여자보다 우위에 있다.

이렇게 버려져 산야를 헤매는 늙은 여자들을 불쌍히 여긴 가톨릭 수녀들이 폐옥을 구해 수백 명의 여인을 돌보고 있다. 늙은 여자만이 아니라 이제 겨우 사십대로 보이는 여자도 있다. 그녀들은 한낮에는 지붕이 없는 콘크리트 바닥에서 2, 3미터 간격으로 떨어져 앉아 있다. 목화에서 실을 뽑는 사람, 실타래를 꼬는 사람, 콜라 열매를 파는 사람 등 다양하다. 그리스 신화를 오페라로 만든 무대를 보는 듯한 착각이 들었다.

그녀들은 밤이 되면 텅 빈 폐옥 속 각자의 '부지'에서 잠든다. 부지라고 말했지만 구획이 정해져 있지는 않다. 마음에 드는 곳에 상자나 넝마로 경계선 비슷한 것을 만들고 그 안을 자기만의 작은 공간으로 점거하는 게 고작이다.

그녀들 입장에서는 쓸쓸하지 않을 수도 있지만 일본인인 내가 보기엔 방목이나 다름없었다. 수도가 있어 따로 물을 길어올 필요는 없지만 그녀들의 열악한 생활은 충격 그 자체였다. 수녀들이 하루에 두 끼를 제공하므로 굶어죽을 염려는 없지만 그녀들의 인생에 무슨 낙이 있을까, 라는 생각에 보고만 있어도 가슴이 저려왔다.

  통역은 그녀들과 자유로이 어울려도 상관없지만 어디에서 왔는지, 가족이 몇 명인지는 절대로 물어보지 말라고 당부했다. 모처럼 과거를 잊고 새 출발한 그녀들이기에 과거가 떠오르게 하는 질문은 간신히 아문 마음의 상처를 벌어지게 하고, 그렇게 벌어진 상처는 여간해서는 치유되지 않는다는 설명이었다. 다행히 그중 몇 사람은 자녀들이 가끔 만나러 온다고도 한다. 좋아하는 음식이라도 가져올 테니 얼마나 기쁠까. 그와 동시에 아무도 찾지 않는 여인들은 더 큰 외로움을 참아내야 한다.

  만년까지 자신의 생활과 투쟁해야 한다. 몸이 움직이는 동안은 스스로 '먹이'를 찾는 것이 당연하다. 그것은 동물의 기본 자세다.

  세상이 좋아져서 돈만 있으면 식사나 가사를 위해 몸을 움직이지 않고 살 수 있는 시설이 늘어났는데, 마치 제 발로 동물원 우리에 들어가는 사자를 보는 것 같다. 안전한 곳에서 마음껏 먹고, 약육강식의 원칙에 편입되지도 않고, 적에게 습격받을 위험도 없는 동물원에서의 일생이 반드시 행복할 것이라고는 생각하지 않는다. 병에 걸려 꼼짝 못하게 된 야생동물이 시설에서 보호받는 것은 당연하다. 건강한 동물이라면 털이 닳아 빠지고, 눈이 침침해지고, 다리가 휘청거릴 때까지 자연에서 스스로 살아가려고 한다. 그 기본 원칙을 죽기까지 명심해야 한다고 나 자신에게 항상 들려주고 있다.

습관적으로 남의 도움을 받지 말 것

    자립이란 그가 살고 있는 사회 속에서—비틀거려도 좋다—타인에게 의존하지 않고 살아가는 것이다. 자립은 더 이상 '어린애'가 아닌 모든 이들에게 부여된 임무이다. 병에 걸렸거나 신체기능에 장애가 있는 사람은 당연히 제외된다.
    자립이라는 능력을 갖추기란 말처럼 간단하지는 않다. 친정어머니는 흔히 말하는 부지런한 사람이었지만 하룻밤 사이에 온전히 걸을 수조차 없게 되었고, 정신적인 능력도 완전히 퇴화해버렸다. 뇌연화가 일어났기 때문이다. 친정어머니를 보면서 오늘의 내가 어제와 비슷하게 행동할 수 있음을 행운이라고 생각하며 매일을 맞이하게 되었다.
    일본인의 평균수명까지는 앞으로 10여 년쯤 남았다. 나는 매일저녁 기도를 한 뒤에 잠드는데 언제나 한마디뿐이다. 천성이 게으른 나로서는 "이날까지 살게 해주셔서 감사합니다."라는 몇 초 간의 중얼거림으로 기도의 시간을 마친다. 좀 더 길게 기도할 때도 있기는 한데 금방 졸음이 몰려오고, 잡생각이 들어 산만해지므로 이 한마디 말이라도 꼭 지켜야겠다고 결심했다. 당장 내일이라도 몸에 이변이 생겨 생각과 움직임이 자유롭지 못하면 큰일이다. 그래서 하느님께 당부라도 하듯 잠드는 시점에 내 육체의 건강함을 감사하게 되었다.

내 나이에 무거운 짐을 들거나, 스무 시간 넘게 뭔가를 쓸 수는 없다. 그래도 내 몸은 아직 움직인다. 내가 할 수 있는 일들이 보인다. 무리라고 생각되면 머리를 써서 가능케 하는 교활함도 지니고 있다.

요즘 나이 든 사람들은 나만 그런 것이 아니라 대체로 타인에게 쉽게 의존한다. 시대가 좋아졌기 때문이다. 고령 연금 수급자가 되면 이제는 일하지 않고 놀아도 된다. 밖에서 남들의 도움을 받고도 고마운 줄을 모른다. 당연히 받아야 될 것을 받았다는 식이다. 평등하게 일하거나, 사회 구성원으로서 의무를 수행할 의사가 없다.

역에서 일행이 표를 끊어주는 것을 자연스레 여기는 노인이 많다. 자동판매기 앞에서 긴장한 모습을 들키고 싶지 않기 때문인지는 모르겠다. 어떤 기차를 타야 하는지 직접 확인하지도 않는다. 돋보기나 근시안경을 꺼내기가 귀찮아서 주변 사람들의 눈을 이용하려고 한다. 기차에 타면 일행에게 "내 자리는 어디지?" 하고 당당하게 묻는다. "도시락은 어떡할 거야?", "몇 시 도착이야?", "내린 다음 또 갈아타야 해?" 하고 일일이 물어보는 게 늙음의 특권이라고 여긴다.

　이런 사소한 것쯤은 글자를 읽을 줄 아는 일반인이라면 누군가에게 묻지 않아도 스스로 확인하고 책임질 수가 있다. 표를 사람들 앞에 들이대며 내 자리가 어디냐고 물어보는 것은 돋보기를 꺼내 좌석 번호를 읽는 게 귀찮아서다. 사람을 부리려는 생각은 기본적으로 무례한 발상이다.

　도착 시간이 궁금한 것은 인정한다. 저녁 식사 전에 온천을 즐기거나, 시내를 둘러볼 여유가 되는지를 생각하는 것은 목적지에 도착하기까지의 즐거움이다. 그러니 기차에 올라타서 사람들에게 도착 시간을 물어볼 게 아니라 집에서 나오기 전에 스스로 시간표를 만들고 계획에 따라 움직이는 것이 바람직하다.

　'도시락은 어떡할 거야?'라는 질문은 주로 여자들이 하곤 한다. 자신의 식욕에 대해서는 자기가 제일 잘 안다. 배가 고프면 도시락을 사오겠다고 말하면 된다. 그런데 '어떡할 거야?'라고 굳이 상대방에게 묻는 까닭은 "어차피 당신도 뭔가를 먹어야 될 텐데 이왕이면 그때 내가 먹을 도시락까지 사와요."라는 뉘앙스를 전달하기 위해서다. 정 그렇게 남에게 시키고 싶다면 "종류는 상관없으니 가는 길에 내 것도 사다 주세요." 하고 정당하게 부탁하자. 이런 사람일수록 "어떤 걸로 사올까요?" 하고 배려해서 물어보면 "아무거나 괜찮아요."라고 대답한다. 그러고는 나중에 "주먹밥보다는 닭고기 도시락을 사왔으면 더 좋았을 텐데." 하며 투덜댄다. 나는 워낙 먹는 걸 좋아해서 한 끼라도 남에게 선택권을 양보하지는 못한다.

나이가 들면 하지 못하는 일이 생기는 건 당연하다. 계단을 오르내리는 것, 역의 안내 방송을 놓치는 것, 호텔 카트 위에 뒤집힌 채 널브러진 가방을 제자리에 놓는 것, 미끄러운 호텔 욕조에서 중심을 잡는 것 등은 팔다리에 힘이 없는 노인에겐 쉽지 않은 과제다.

이럴 때는 당연히 다른 사람에게 부탁하는 수밖에 없다. 천장에 매달린 샹들리에의 전구를 교체해주는 로봇은 아직 발명되지 않았기 때문이다. 조명을 낮은 곳에 달아놓으면 어렵지 않게 전구를 교체할 수 있다. 우리집에서는 그런 방법으로 생활의 단순화를 도모하고 있다.

피치못할 상황이라면 심부름 센터나 전기상에 돈을 주고 도움을 받으면 된다. 전구 교체처럼 어중간한 의뢰는 돈벌이가 되지 않지만 손해 보는 일은 아니므로 불쌍한 노인을 도와주자는 마음에 거들어주는 업자가 있을 것이다. 노년층이 늘어나면서 머잖아 노인들의 하찮은 요청을 해결해주는 사업이 본격적으로 등장할지도 모른다. 어쨌든 부탁할 일이 생기면 정당하게 돈을 지불하는 것이 속 편하다.

그러나 자립심을 잃어버린 사람들은 공짜로 남의 호의를 이용하려고 한다. 돈이 없어서가 아니다. 돈이 많은 사람 중에도 이런 성향을 보이는 경우가 꽤 있다. 이보다 더 딱한 것은 환자나 노인이 타인의 도움을 당연하게 여길 때이다.

"나도 태우고 가요."

"시장에 가는 거라면 나도 하나 살 게 있는데 사는 김에 내 것도 사다 줘요."

"이번에 갈 때 나도 데려가요."

"네, 타세요."라고 허락하기 전까지는 함부로 타선 안 되는데 하물며 마중 나와달라는 암시까지 보낸다면 이건 꽤 중증이다. 가령 그의 집과 시장까지가 편도 10분 거리라고 하면 그는 내 부탁 때문에 평소보다 20분 일찍 집을 나와야 된다. 직장에 다니는 사회인에겐 부담스러운 시간이다.

'나도 살 게 있는데 사는 김에 내 것도 사다 줘요.' 라는 부탁은 또 어떤가. 백화점이라면 붐비는 사람들 사이를 뚫고 매장까지 걸어가야 한다. 근처 편의점에서 우유를 사달라고 부탁했다면 사람들에 치이지는 않아도 1kg짜리 우유 한 팩을 장바구니에 더 담아야 한다. 한창때인 50~60대 중에도 이렇게 더해진 1kg이 정말 무겁다고 말하는 사람이 여럿이었다.

영화든, 여행이든 데려가 달라고 사정해서 동행하는 것이라면 일행과 발을 맞추는 게 기본이다. 자기 몸이 힘들어도 같은 속도로 함께 걸어야 한다. 줄기차게 휴식을 요구하거나, 금세 화장실을 찾거나, 힘들다면서 투정을 부린다면 데려와 준 일행의 마음은 그만큼 어두워진다. 또 그 사람 때문에 예정이 틀어질 수도 있다. 남들에게 폐를 끼치며 따라다닐 바에야 미리 계획을 짜서 자신만의 속도에 맞는 여행을 즐기는 편이 훨씬 유익하다. 금전적인 여유가 된다면 간호가 가능한 전문인의 도움을 받으며 여행을 즐기는 방법도 있다.

돈에 여유가 있는 노인이라면 여행 등에서 도움을 받은 사람에게 약간이라도 사례금을 지급하기로 약속해야 한다. 경제적으로 부족해서 여행 같은 유희는 꿈도 못 꾸는 사람이 우리 주변엔 무척 많다. 그런 사람이 있다면 아르바이트를 겸해서 일행의 짐을 들어주거나 표를 대신 구입하고, 가방에서 돋보기를 꺼내주는 일을 도우면서 여행에 동참하라고 권한다. 미리 일정한 대가를 약속해야 한다. 거래는 양쪽이 동시에 합의하고 납득해야 한다. 노인에 대한 서비스는 돈이 오가는 거래가 되어서는 안 된다고 말하는 사람이 있는데 나로서는 이해가 안 되는 주장이다.

모든 인간관계를 돈으로 처리하라는 뜻은 아니다. 우리는 타인의 호의 속에 살고 있다. 따져보면 언제나 받은 게 더 많다.

돈이 없는 노인은 어떻게 하라는 말인가, 하고 되묻는 사람도 있을 것이다. 돈이 없다면 여행도, 외출도, 극장에 가는 것도 포기한다. 세계 각지의 많은 사람이 그렇게 포기하며 살고 있다. 내가 이런 말을 하면 화를 내는 사람도 있다. 사람은 모두 평등하므로 다같이 똑같은 대우를 받는 것이 인권이라고 믿는다. 돈이 없는 사람도 돈이 많은 사람과 같은 문화를 누리는 것이 평등이며 정의라고 말한다.

내가 아는 한, 지구상 어느 곳에서도 이런 식의 평등과 정의는 실현되고 있지 않다. 인권은 기본에 대한 보장이다. 살아갈 자유와 초등교육을 이수하는 정도면 충분하다. 그마저도 이라크와 아프가니스탄과 아프리카의 수많은 나라에서는 꿈 같은 얘기로 들린다. 식량은커녕 마실 물도 없다. 전쟁과 빈곤으로 학문을 배우기는커녕 제 나라의 언어조차 읽고 쓰지 못한다. 현재 세계 곳곳에서 어렵지 않게 볼 수 있는 현상이다.

인간으로서의 자립은 경제에서 시작된다. 혼자 못할 때는 타인에게 돈을 주고 부탁한다는 원칙을 인정해야 한다. 타인에게 지불할 돈이 없다면 포기한다.

'분수'를 안다는 것은 살아온 자의 지혜이다. 거꾸로 말하면 자기가 하고 싶은 일만 하면서 살아온 사람은 한 명도 없음을 체험적으로 이해하는 것이다. 젊은 시절에는 상류층 사람들이 어떤 영화를 누리며 생활하는지 궁금하다. 유명인들은 자기가 원하는 일만 하고, 싫어하는 일은 하지 않으며 살아서 좋겠다, 라고 오해한다.

만년이 다가올수록 우리 모두는 똑똑해진다. 국회의원이나 장관이 된 적은 없지만 훌륭하다는 세간의 평가가 따르는 사람일수록 좋아하는 일에서 멀어진다는 것을 알고 있다. 중인환시(衆人環視, 많은 사람들이 주시한다는 뜻)의 국회에 갇혀 있거나, 장관에 취임해 어디를 가든 불편하기만 한 생활이 얼마나 성가신 일인지를 지금은 잘 알고 있다.

우리는 자기가 번 돈으로 원할 때 원하는 곳에 간다. 마음에 안 드는 사람과 만나야 할 때도 있지만 만나고 싶은 사람과 만날 때가 더 많다. 특별한 사정이 아니라면 마음에도 없는 말을 사람들 앞에서 할 필요도 없다. 엄청나게 쌓인 업무에 짓눌리는 고통을 겪지 않아도 된다. 이 모든 행운은 나의 작은 힘이 미치는 범위 내에서 '분수'를 지켰기 때문이다.

이처럼 균형 잡힌 생활을 유지한다면 누구든지 만년의 시간을 정교하게 빛낼 수 있음을 기억하기 바란다.

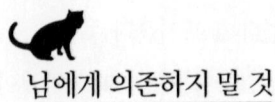

남에게 의존하지 말 것

　요즘은 무게와 깊이, 길이, 넓이 등을 측정하는 다양한 기계가 쏟아지고 있다. 우리 집에도 혈압계와 체온계가 있다. 체지방을 재는 기계도 있으니 말이다.
　가끔은 노화의 정도를 측정해주는 기계는 없을까, 하고 궁금할 때가 있다. 전문가의 말을 빌리면 골밀도, 근력, 치아 개수, 악력, 새치의 수, 정식 명칭은 모르겠는데 옆으로 빠르게 움직이는 운동 능력, 눈을 감고 한쪽 발로 서 있는 시간 등을 종합해서 그 나이대의 평균과 비교, 노화 정도를 측정한다고 한다.
　뇌 위축과 뇌동맥의 경화 정도를 측정하는 방법이 처음 등장했을 때 "한번 검사 받아보시는 게 어떨까요?"라는 권유를 여러 번 받았지만 마음이 내키지 않아서 사양했다. 검사를 통해 뇌 위축과 뇌동맥의 경화가 발견되더라도 어떻게 해볼 도리가 없기 때문이다. 차라리 나는 건강하다고 착각하고 있으면 마음만은 행복한 것이니 그러는 편이 낫다고 생각했다. 그리고 어느 정도 나이가 들면서 몸에 메스를 대는 상황만은 피하자고 나름대로 결심하고 있었다.

치료 등과 상관없이 자신의 노화 정도를 확인하고 싶다는 사람들의 심리에는 두 가지 목적이 숨어 있다. 첫째는 객관적인 수치를 자극삼아 현재보다 더 나은 건강을 유지하기 위해서다. 몸에서 이변이 발생하기 전에 방지하려는 것이다. 그것이 목적이라면 굳이 다른 사람들의 평균과 나를 비교할 필요가 없다. 지금 당장 건강한 생활을 시작하면 된다. 담배를 끊고, 일찍 잠들고 일찍 일어나고, 바지런히 몸을 움직이고, 자신의 일은 직접 하고, 집에서 저녁을 먹고, 적극적으로 주위 사람들에게 다가서면 된다. 뇌 위축과 뇌동맥을 걱정하지 않아도 될 나이부터 이런 노력을 실천한다면 훗날 걱정거리 하나를 내려놓게 될 것이다.

둘째는 자신의 건강이 걱정되어서가 아니라 남들보다 젊다는 보증을 받기 위해서다. 중년 이후의 여자들이 모인 동창회에 나가보면, "어머, ○○씨는 여전히 젊네요."라고 먼저 상대방을 칭찬한 후 그에 대한 보상으로, "그러는 당신이야말로 새치도, 주름도 없잖아요."라는 말을 듣고야마는 집착을 쉽게 접하곤 한다. 가벼운 말 한마디라도 내가 같은 나이의 동급생보다 젊어 보이길 원한다.

내가 무척 좋아하는 외국의 명언 중에 '사람은 결국 그 나이만큼 늙는다' 라는 말이 있다. 당연하다면 당연한 이야기지만 이 말을 들을 때마다 많은 것을 생각하게 된다. 겉을 꾸미고 가꾸면 조금은 젊어 보일지 몰라도 나이가 줄어드는 것은 아니다. 젊은 사람들과 비교하면 내가 살아온 나이를 숨기지도 못한다. 이것은 자연스러운 현상이다. 건강하게 늙었다는 증거다. 나이에 어울리지 않는 육체적인 연령이 더 큰 문제다. 내가 살아온 시간을 보여주는 늙음은 나의 건강을 보여주는 증거다.

동창회에서 내가 누구누구보다 더 젊어 보일까를 신경 쓰는 그녀들에게 이런 말을 했다간 핀잔만 들을 게 뻔하다. 그래서 주름지수라든가 굽은 등의 각도 등을 토대로 객관적인 수치를 제공하고 싶지만 안타깝게도 나는 의사가 아니므로 신체적인 노화지수를 설명해주기란 곤란하다. 대신 마음의 노화지수라면 내 나름으로 판단하는 근거가 있다.

마음의 노화는 그 사람의 심리적 의존도를 통해 대략적으로 파악할 수 있다.

"누구누구가 뭘 해주지 않았다."라고 입버릇처럼 말하는 사람들이 있다.

"○○씨에게 과자를 사오라고 부탁했는데 잊어버렸다는 거예요. 미안해서 어떡하죠. 그 사람은 정말 책임감이 없다니까요."

자신의 실수를 사과한다기보다는 다른 누군가 때문에 내가 잘못을 뒤집어썼다는 식으로 말한다. 모임에서 간식을 책임지는 역할이 자신에게 주어졌다면 타인에게 부탁하는 것 자체가 잘못이다.

 자신의 심리적 노화 정도를 측정하고 싶다면 얼마나 자주 '해주지 않았다'라는 말을 하고 있는지 조사해보면 된다. 친구들이 '해주지 않았다', 배우자가 '해주지 않았다', 정부가 '해주지 않았다', 생활환경조사원이 '해주지 않았다' 등등. 우리 주위에는 딸이나 아들, 며느리, 사위, 언니, 오빠가 '해주지 않았다'를 연발하는 노인이 참 많다. 나는 이들을 '해주지 않았어' 족(族)이라고 부르고 싶다.

 정신적인 노화는 실제 연령과는 거의 관계가 없다. 20대에서도, 30대에서도, 남자에게서도, 여자에게서도 '해주지 않았어'라는 불평을 입에 담는 경우가 숱하게 많다. 이들의 정신구조는 '해주지 않았어'라고 말하는 순간 빠르게 노화한다. '해주지 않았어'를 입버릇처럼 투덜대는 사람이라면 그가 청년이든, 장년이든 나이에 상관없이 '할아버지', 혹은 '할머니'라고 불러야 한다고 예전에 어떤 글에서 쓴 적이 있다.

 왜 인간은 남들만큼의 지능과 체력을 타고났음에도 기회만 되면 어떻게든 타인에게 의지하려고 하는지 모르겠다. 타인에게 의지하는 것은 자신의 삶을 단념하는 것과 마찬가지다. 이는 절대로 현명한 선택이 아니다. 하물며 고령자는 오랜 기간 인생을 살아왔다. 남들보다 기나긴 시간은 풍부한 경험의 동의어다. 주변 사람들이 내 뜻대로 움직여줄 리가 없다는 단순한 이치는 벌써 오래 전에 깨달았어야 한다.

 2004년 1월, 낙하산이 펴지지 않아 두 사람이 추락사했다. 어렸을 때 낙하산에 대해 들은 이야기가 있다. 자기 목숨이 달린 일이므로 낙하산 관리는 자기 책임이라는 것이었다. 그 이야기를 들었을 때 나는 어린아이에 불과했지만 '그렇구나' 라고 생각했다. 그런데 자신이 탈 낙하산을 직접 관리하게 하면 노이로제에 걸려 밤새도록 넣었다, 뺐다를 반복하는 사람이 있다고 한다. 그래서 낙하산 관리를 전문가에게 맡긴다는 이야기를 들었다. 지인 중에 낙하산에 흥미를 가진 사람이 없어서 지금은 어떻게 관리를 하고 있는지 모르겠다.

낙하산뿐 아니라 자신의 생명과 운명에 대한 책임과 권리는 자기 자신에게만 주어진다. 누군가가 해주지 않았다고 한탄하는 버릇을 일찌감치 떨쳐내지 못한다면 만년의 미학에 도달하는 날은 찾아오지 않을 것이다.

물론 살다가 큰 병에 걸리거나 태어날 때부터 몸이 자유롭지 못한 사람도 있다. 그들에게 스스로 살아갈 방법을 찾아보라고 매정하게 말할 생각은 없다. 사람은 받는 것도 즐겁지만 남에게 이바지하는 기쁨도 있다. 몸이 자유롭지 못한 사람은 자신을 도와주는 사람들에게 기쁨을 주고 있는 셈이다.

현재 연금제도나 사회보장제도에 대해 많은 토론이 오가고 있다. 결론부터 말하면 나는 국가를 믿어서는 안 된다고 생각한다. 일본이라는 나라가 신뢰할 수 없는 무책임한 국가라는 뜻은 아니다. 일본은 세계에서도 정부신뢰도가 높은 몇 안 되는 국가이다. 그러나 국가가 모든 것을 책임지지는 않는다. 국가를 움직이는 것은 재정이므로 혹시나 재정이 파탄 나면 국민은 버림받을 수밖에 없다.

나와 결혼한 사람은 나에 대해 무척 관대하다. 나의 실패를 곁에서 지켜보고도 참견하지 않고 그저 웃어줄 뿐이다. 일종의 관대함인데, 관대함에 대한 사람들의 견해는 제각각이므로 겉으로 드러난 관대함과 그가 속으로 생각하는 본뜻에는 괴리가 있을 수 있다. 인도주의자라면 "사람은 모두 잘못을 저지른다."라는 신념에 따라 관용과 용서를 베풀 것이다. 남편의 경우는 인간의 능력에 매우 부정적이다. 따라서 내가 처음 의도한 것과 달리 실패하더라도 안타까워하거나 실망하지 않는다. "그럴 수밖에 없어." 하고 초연하게 반응하는 것인데 내게는 그 반응이 관대함으로 비춰진다.

나는 어렸을 때부터 "주는 것이 받는 것보다 더 행복하다."라는 성서를 읽으며 자랐다. 이 말씀은 신약성서의 '사도행전' (20장 35절)에 나오는데, 4대 복음서에는 나오지 않는 구절이다. 이 말씀을 전파한 바오로는 생전의 예수님과 인간적인 '만남'을 가져본 적이 없는 사람이다. 계시를 통해 이런 교훈을 받았는지, 아니면 다른 누군가에게 들었는지는 모르겠다. 예수님의 말씀인지도 분명하지 않다. 그러나 이 말이 보여주는 힘은 오늘에 이르기까지 전혀 퇴색되지 않았다.

사람은 주는 것으로 어른이 된다. 나이가 들어도 누군가에게 내가 가진 뭔가를 줄 수 있다면 여전히 청년이다. 갓난아기 때부터 어른이 될 때까지 인간은 오직 받는다. 젖을 물리고, 기저귀를 갈아주고, 학교까지 데려다주고, 용돈을 타고, 가르침을 받는다. 하지만 몇 년 후에는 그런 관계는 역전된다. 아버지의 뒷모습에서 늙음을 깨달은 아들은 아버지를 대신해서 짐을 짊어진다. 지금까지는 엄마 손을 잡고 병원에 갔던 딸이 아픈 엄마를 자기 차에 태워 병원에 간다.

나이 들어 젊은이와 겨룰 필요는 없다. 그러나 인간으로서의 원칙적인 관계는 평등이다. 서운하게도 나이가 들수록 마음이 약해져 받기를 기대하는 사람들이 늘어난다. 혼자만의 생활을 두려워하고, 극히 사소한 것이라도 남에게 주기를 거부하고, 그럴수록 마음은 더욱 나이 들어 약해지고 의지할 누군가를 찾게 된다. 늙음이란 육체의 노화가 아닌 이렇듯 의지할 누군가를 애타게 기다리는 기력을 잃은 마음이다. 반대로 병들어 자리에 누워 있는 노인이더라도 도움을 베푸는 이들에게 감사를 잊지 않고 그들에게 베풂의 기쁨을 알게 해준다면 그는 여전히 '주기를' 그치지 않는 장년이다.

생기 넘치는 만년의 생활자들은 하나같이 베풂을 잊지 않는 사람들이다. 베풂을 잊지 않는 한, 그가 몇 살이든, 몸이 불편하든 마음만은 건강한 장년이다.

자립할 것

    자립과 자율에 대해 한 번만 더 생각해보고 싶다. 나이를 먹을수록 자립의 중요성이 심각하게 다가온다. 그리고 자율적인 정신에 의해 자립이 확립된다는 것을 알게 되었다.
    만년과 노년은 장년과 중년의 생활과는 엄연히 다르다. 이를 제대로 인식하는 데서 자율이 출발한다. 사장직에서 물러나면 앞으로는 고문으로 만족해야 한다. 평범한 인간으로 돌아온 것이다. 곁에서 도와주던 비서도 없고, 기차표도 직접 사거나 아내에게 부탁해야 한다. 수십 년 동안 자기 손으로 빵과 우유를 사본 적이 없다는 사람도 보았다. 보통의 인생에서 얼마나 멀리 동떨어졌는가를 고민하지 않고 일에만 매달렸던 게 비극의 시작이었다.
    한때 NHK 부패 스캔들로 각종 주간지가 시끌시끌했었다.

당시 회장은 에비자와 가쓰히토 씨였는데 모주간지에 그의 사진이 실렸다. 대부분의 주간지가 그를 비난하는 기사로 도배를 했던 시기에 그 사진만은 어딘지 모르게 인간적이고 색다르게 보여서 꽤 마음에 들었다. 사진 속 에비자와 회장은 조그만 가게 앞에서 홀로 건전지를 고르고 있었다.

NHK 스캔들은 임직원들의 독직과 분식 결산이 문제였다. 따라서 회장이었던 에비자와 씨에게도 상당 부분 책임이 있다. 일찌감치 회장이 책임을 지고 사퇴했다면 여론이 조금은 너그러워졌을 텐데 사퇴 표명에 시일이 걸리면서 공격이 거세졌다.

현실적으로 1만 1000여 명이나 되는 직원 개개인을 회장이 감시하고 관리할 수는 없다. NHK는 거대한 조직이며 한두 가지 문제가 있는 것은 당연하다. 그것이 NHK 내부의 분위기였다. 세상에 문제 없는 조직이 어디 있겠는가마는 그래도 수장인 회장이 책임에서 자유로울 수는 없다. 비록 사태가 심각해졌지만 에비자와 회장만큼은 개인적으로 이치에 맞는 생활을 하지 않았을까 싶다.

그 열쇠가 건전지이다. 기껏해야 새끼손가락만한 크기의 건전지다. 다른 곳도 아니고 NHK 방송국이라면 건전지 따위야 숱하게 널려 있을 것이다. 건전지쯤은 어디에 사용했는지 보고할 의무도 없을 것이다. 촬영시점은 에비자와 회장이 NHK에 매일 출근하던 때였다. "건전지 네 개만 가져와."라고 비서에게 말하면 충분하다. 그러나 회장은 자기 돈으로 직접 건전지를 사려고 했다. 이분은 회장에서 물러나도 금방 보통

생활로 돌아오겠군, 하고 생각했다.

회장님, 사장님 못지않게 지방에도 높은 남성분이 많다. 그분들은 회장님처럼 어깨를 으쓱할 만한 공적은 없지만 한 집안의 가장이다, 장남이다, 이 마을에서 가장 오래된 가문이다, 옛날에 공을 세운 집이다 등등의 이유로 기본적인 생활도 하지 않으려고 한다.

건전지도 바꾸지 못한다. 건전지를 사려고도 하지 않는다. 찻잔을 닦지 않는다. 쌀도 씻지 않는다. 이부자리도 깔지 않는다. 세탁기도 돌린 적이 없다. 빨래를 널지도 않고, 당연히 걷지도 않는다. 직접 전화를 걸어 택시를 부르지도 않는다. 욕실에 비누가 없어도 자기 손으로 새 것을 갖다놓지 않는다. 자기 찻잔에 직접 찻물도 붓지 않는다.

이런 남성을 지금껏 여러 번 목격했고, 소문으로 들었다. 인간으로서의 독자적인 삶이 불가능한 사람들이다. 이런 사람이 만들어지는 과정과 학력 사이에는 아무런 관계도 없다.

옛날에는 전구와 퓨즈가 자주 끊어졌다. 그때마다 아내를 불러 전구와 퓨즈를 갈아 끼우게 하는 남자가 있었다. 그는 도쿄대학 공학부를 졸업했다. 우리는 도쿄대 공학부 출신은 전구와 퓨즈도 못 가는구나, 하고 얼마나 웃었는지 모른다. 그의 사회적 지위, 능력, 가족을 생각하고 부하를 배려하는 마음씨와는 전혀 관계가 없다. 그가 회장님으로, 사장님으로 활약하는 동안에는 전구와 퓨즈를 갈아 끼울 기회도 없다.

하지만 생활의 기본적인 부분에서 기능을 상실해버리면 노후에 문제가 발생한다. 그는 더 이상 회장님도, 사장님도 아니다. "건전지!" 하고 외쳐도 건전지는 생기지 않는다. "전구!" 하고 명령해도 늙은 아내는 더 이상 전구를 갈아 끼우지 못한다.

내가 성장한 환경은 단지 남자라는 이유만으로 여자보다 우위에 서는 사회가 아니었다. 도시는 집집마다 비슷하게 가난해서 자연스레 남녀평등이 이루어진다. 남자가 으스대며 설쳐댈 공간이 없다. 연민으로서의 위로는 충분히 제공하고 있다. 한 집안의 가계를 혼자 짊어지고 노동하는 동안에는 퇴근 후 저녁식사가 마련되어 있고, 목욕물도 끓여놓는다. 이것은 가족으로서 당연한 양보다.

봉건적인 사상이 남아 있어 남자는 여자보다 위대하고, 사소한 가사는 무조건 여자가 해야 된다는 사회적 의식이 지방일수록 강하다. 그때마다 이 나라가 대체 얼마나 더 뒤처져야 할까, 한심스러운 생각이 든다. 아랍 같다고 말하고 싶지만 아내를 때리는 남편은 유럽에도 있고, 아내를 극진히 사랑하는 남편은 아랍에도 있으므로 단정해서 말하기는 힘들다. 아랍에서는 식료품을 사러 가는 것도 모두 남편의 몫이다. 가사에 무척 협력적으로 보이지만 속내는 아내가 집 밖으로 나가는 게 싫고, 다른 남자가 아내 얼굴을 보는 게 싫어서다. 아내가 소유물이라는 인식이 남아 있으므로 그런 것으로 좋다, 나쁘다를 판별할 수는 없다.

민주주의, 인도주의의 기본은 남자와 여자가 똑같이 일하는 사회다. 숙련이 필요한 작업에서는 차이가 생길 수 있다. 벌목은 남자에게 알맞고, 재봉은 여자가 더 잘한다. 그러나 남자니까 해서는 안 될 일 같은 건 없다. 또 난 여자라서 몰라요, 라는 변명도 허용되지 않는다. 회장님이나 사장님 자리에서 물러나면 평범한 생활로 돌아왔다는 뜻이다. 취사, 세탁, 청소, 쇼핑 방법 등을 익혀야 한다. 정식 요리는 어렵더라도 된장찌개, 오믈렛, 카레라이스쯤은 만들 줄 알아야 한다. 맛이 서툴러도 상관없다. 남들과 지능지수가 비슷한 사람이라면 충분히 해내고도 남는다.

대중교통을 이용하는 법도 배워야 한다. 좀 더 싸게 갈아타는 방법, 새로운 루트 개척, 완행열차 이용 방법 등 전철 하나만 해도 궁리할 것이 참 많다. 표를 파는 자동판매기는 종류가 다양해서 돈을 어디에 넣어야 될지 몰라 당황하곤 한다. 그럴 때는 잠자코 옆 사람을 지켜본 후 몇 번의 실패를 거치면 익숙해진다. 어떤 사람들은 "난 못해요", "난 몰라요"를 자랑삼아 말한다.

우연히 '일에도 순서가 있다' 라는 말을 듣고 옛날 생각이 났다. '일에도 순서가 있다' 고 하면 낡은 시대의 유산처럼 생각할 때가 많은데 토목 현장을 취재하면서 숱하게 들었던 말이다. 현장소장은 젊은 직원들을 모아놓고 '일의 순서' 를 생각하면서 작업하라고 지시했다.

모든 일은 각기 정해진 순서에 따라 시작된다. 중요한 순서도, 사소한 순서도 있지만 어쨌든 순서가 없는 일은 없다. 뭔가를 만들고, 자료 보관을 위해 어디에 공간을 마련하고, 언제 무엇부터 옮기고, 며칠 후에 어떤 작업을 시작할 것인가 등이 모두 '일의 순서' 에 해당한다.

요리는 순서의 집합체다. 소설도 때로는(내가 이런 말을 하기에는 부끄럽지만) 순서를 필요로 한다. 소소한 스토리를 만들고, 스토리에 현실감을 부여하는 지식을 보급한다. 참고서, 관련 서적을 구입하거나 전문가를 찾아가 자문을 구하고 연재 도중에 내용이 맞는지 확인해달라고 부탁한다. 소설은 허구인 동시에 사실을 증명해야 한다. 그렇지 않고서는 식견을 갖춘 독자들이 납득하지 않는다. 소설은 허구만으로 성립되지는 않는다.

이처럼 매사에 순서를 확인하고, 순서대로 행동하는 것이 나이가 들어서도 기본적인 기능을 상실하지 않는 최고의 방법임을 깨달았다. 머리가 흐려지고, 기능이 쇠해지면 순서대로 일처리를 못한다. 문득문득 생각나는 대로 움직인다. 순서는 의지, 예측, 외부와의 조화, 겸허 등을 한데 모은 종합적인 판단이다. 순서만 잊지 않아도 마음이 녹슬지 않는다.

가사 또한 순서의 연속이다. 두뇌운동에 이보다 좋은 일은 없다. 순서를 무시하거나 제대로 지키지 않으면 집안일을 하다가 낭패를 본다. 우리가 생각하는 것 이상으로 가사는 고급 노동이다. 토란을 삶을 때 미끈미끈한 액체를 걷어내지 않고 뚜껑을 그냥 덮어놨다간 거품이 넘쳐 레인지를 엉망으로 만든다. 전구를 교환할 때 다 쓴 전구를 어디에 보관할지 미리 정해두지 않으면 나중에 새 것인지, 헌 것인지 모른다. 목욕물 온도를 확인하지 않고 무조건 욕조에 들어갔다가 화상을 입는 노인이 많다. 지금까지 아내가 알아서 맞춰줬기에 걱정 없이 물에 들어갔다가 사고를 당한 것이다. 나로 말하면 사람을 의지해서는 안 된다는 강박관념이 있어 항상 손을 담가 먼저 온도를 확인하고 들어간다. 적잖은 나이가 되고 보니 고마운 습관이라는 생각이 든다. 확실히 나이가 들수록 '일의 순서'를 남에게 의존하는 버릇이 늘어난다. 여행가방도 직접 챙기려고 하지 않는다. 여관 예약도, 조카딸의 결혼축의금도 자녀와 배우자가 알아서 해줄 것으로 믿어버린다. 감사편지를 쓰는 것도, 은행의 예금 관리도 모두 남들이 알아서 해준다고 믿고 있다. 내 머리가 멍청해져서 남들에게 부탁한다고는 차마 생각하지 않는다. 그저 그런 일을 하지 않아서 편하다고 생각한다.

하지 못하는 것과 하지 않는 것의 경계가 모호해진다. 자립을 의식하지 않는 사람은 자율도 생각하지 못한다. 한 사람의 인간으로서 평범하게 살기 위한 훈련을 등한시했다간 관절, 뇌도 순식간에 녹이 슨다. 나이가 들수록 몸과 마음과 두뇌운동에 열심이어야 한다. 조금 벅차더라도 위기감을 잊어서는 안 된다.

관조하라

당일치기 출장을 갔던 이른 봄의 어느 날, 문득 몇 년 전의 일이 기억났다.

그곳은 시골의 한적한 낡은 기차역이었다. 나는 플랫폼 벤치에 앉아 기차가 도착하기를 기다리고 있었다. 내 옆에 건강해 보이는 중년의 여자 둘이 앉았다. 네 명이 앉을 수 있는 벤치의 가장자리에는 젊은 여자가 고개를 숙인 채 여성주간지를 읽고 있었다.

두 여자는 육십대 초나 중반으로 보였다. 아이들도 모두 독립하고, 어쩌면 남편과도 사별하고, 그래서 친구 둘이 매년 한두 차례 여행을 즐기는 것 같은 인상을 풍겼다. 머리를 염색한 여자는 몸집이 컸고, 다른 한 명은 아름다운 백발에 아담한 체구였다.

두 사람은 벤치에 앉아 다음 목적지인 온천지에 대해 이야기하고 있었다. 그때 머리를 기른 젊은 여자가 갓난아기를 안고 근처를 서성였다.

벤치와 플랫폼 사이의 간격이 좁은 편이었지만 법으로 정해놓은 규격은 지키고 있어서 여유가 없진 않았다. 갓난아기를 안은 젊은 엄마는 벤치와 플랫폼 사이를 오가다가 우리 쪽으로 돌아섰다. 마치 자리 좀 비켜줘요, 하고 무언으로 시위를 하는 것 같았다.

그때나 지금이나 남에게 자리를 양보할 체력은 충분하다. 문제는 내 별난 성격인데, 갓난아기를 안고 있는 젊은 엄마와 비교했을 때 노인인 내게 우선권이 있다고 판단했다. 그녀의 따가운 눈길이 느껴졌지만 절대로 양보하지 않겠다고 결심했다.

젊은 엄마의 시위에 반응한 사람은 주간지를 읽고 있던 젊은 아가씨가 아니었다. 백발에 몸집이 작은 중년 여자가 자리에서 일어나 "여기 앉아요." 하고 말했다.

동행인 검은머리의 몸집 큰 여자도 친구를 따라 하는 수 없이 일어섰다. 두 사람은 그 자리에 있기가 민망한 듯 어슬렁거리며 플랫폼 주변을 거닐었다. 한편 젊은 엄마는 도저히 이해가 안 되는 행동을 보여주었다.

자리를 양보받았을 때부터 그녀는 한마디도 하지 않았다. "고맙습니다"라고도, "아니에요, 괜찮아요"라고 사양하지도 않았다. 그러고는 벤치에서 1미터쯤 떨어진 곳에 서 있었다. 남이 기껏 양보해준 자리에 앉으려 하지 않았다.

혹시 청각장애인인가, 하고 의심했다. 그러나 여자들이 사라지자 젊은 엄마는 품에 안은 아기에게 작은 목소리로 뭔가를 속삭였다. 몸집이 큰 여자가 멀리서 이쪽을 보고 있었다. 두 사람은 자리를 양보해줬는데도 그냥 서 있는 젊은 엄마를 계속 지켜보고 있었던 것이다.

젊은 엄마는 30초가량 서 있다가 천천히 걷기 시작했다. 자리를 양보해준 두 여자와는 반대방향이었다. 주간지를 읽고 있던 젊은 여자는 이런 일에는 흥미가 없는지 고개도 들지 않았다.

젊은 엄마가 저만치 사라지자 두 여자가 다시 벤치로 돌아왔다. 저 여자가 앉지 않겠다면 우리라도 앉읍시다, 기차가 오려면 아직 시간이 남았으니까, 라는 표정들이었다.

뭔가 재미난 일이 일어날 것 같은 분위기에 나의 교활함이 재빨리 반응했다. 나도 가장자리에 앉은 젊은 여자처럼 가방에서 책을 꺼내 읽기 시작했다.

두 여자가 자리에 다시 앉았다.

"도대체 뭘 생각하는지."

머리를 염색한 몸집이 큰 여자가 먼저 입을 열었다.

"양보해주면 앉으면 될 것을. 늙은이가 자리를 비켜줬더니만."

"늙은이가 자리를 양보해줘서 놀랐나보지."

체구가 작은 백발의 여성이 웃으며 대꾸했다.

"그 여자는 재촉하듯이 가까이 와서 이것 보라는 듯 서 있었다구. 양보해달라는 게 아니었다면 좀 떨어져서 서 있었어야지."

 내가 생각해도 맞는 말이었다.

 "햇빛 때문에 눈이 부셔서 그늘진 곳에 있으려고 했겠지."

 "그럼 그렇다고 말해야 되는 거 아냐? 햇빛을 피하는 거예요, 자리는 괜찮아요, 고맙습니다, 그냥 앉아 계세요. 그렇게 말하면 누가 오해하겠어."

 듣고 보니 이것도 이상한 이야기였다. 햇빛을 피하고 싶었다면 처음부터 벤치와는 반대방향인 승강장 안쪽으로 갔어야 한다.

 "요즘 사람들은 고맙다고 말하는 게 서툴러서 그래."

 "남이 양보해줬으면 앉기 싫어도 잠깐이라도 앉았다 일어나는 게 예의잖아. 그냥 가버리는 게 어딨어?"

 "사정이 있었겠지. 만나고 싶지 않은 사람이 하필이면 바로 근처에 있는데 그 사람 눈에 띄지 않는 곳이 여기밖에 없어서 오게 됐다든가…."

 백발에 작은 체구의 여자가 말했다.

 "그래도 고맙다는 인사 정도는 해야지. 저쪽으로 곧 가야 돼요, 괜찮아요, 라고 말하면 당신이 일어설 필요도 없었다구."

 머리를 염색한 여자는 진짜 화가 난 것 같았다.

 "처음 본 사람 앞에서는 말을 잘 못하는 사람도 있어요."

 백발의 여자가 말했다.

 그녀들 곁에서 독서에 빠져 있는 척했지만 실은 그녀들의 대화를 엿듣고 있었다.

젊은이가 아름답다는 것은 보편적인 사실처럼 말해지고 있다. 살결도, 활기도 당연히 젊은이가 나이 든 노인네보다 유연하고 빛난다. 하지만 그때 나는 이런 생각을 했다. 미숙이 원숙보다 훨씬 매력 없는 경우도 있구나.

머리를 까맣게 염색한 몸집 큰 '아주머니'는 기운이 넘치고 거리낌 없이 말해버리는 경망스러움이 나와 비슷했다. 그녀는 사리의 요점을 정확히 지적하고 있었다. 그러나 백발에 몸집이 작은 여자는 눈앞의 광경 너머에 있는 인생의 그늘을 어떻게든 다정하게 감싸주려고 자신의 상상력을 동원하고 있었다. 인간의 삶에는 그때그때 갖가지 사정이 있고, 그 사정을 타인이 전부 알 수는 없다고 생각하는 것 같았다. 그녀의 깊고 다양한 관점은 젊은 사람들이 쉽게 갖출 수 없는 것이다.

그날의 당일치기 출장에서는 도카이도 신칸센이 사고로 늦어지는 바람에 기차 안에 있던 〈한동안〉이라는 잡지를 느긋하게 다 읽을 수 있었다. 마침 '모쿠지키 쇼닌(木食上人)'의 특집이 실려 있었다. 그는 에도시대 후기의 승려인데 쉰여섯부터 37년 간 전국을 편력하다 아흔셋에 세상을 떠났다. 옛날사람치고는 보기 드문 장수여서 무척 놀랐다.

여든셋에 편력을 마치고 고향인 가이야쓰시로군(지금의 야마나시현, 미나미고마군 미뇨부쵸)으로 돌아온 모쿠지키는 다시 한 번 사람들의 기대에 부응하려고 움직인다. 우선 보리사영수암(菩提寺永壽庵)을 수리해 '오지여래(五智如來)'를 만들고, 시고쿠(四國)에 있는 88개소 영지에 참배하러 가지 못하는 사람들을 위해 시고쿠도(四國堂)를 만들어 그곳에 88개 본존(本尊)을 조각해서 바치기로 결심했다. 그 계획을 여든셋의 나이에 시작했다.

나는 모쿠지키 부처를 보러 간 적이 없다. 사진으로만 봤다. 모쿠지키가 만든 불상의 표정은 어딘가에서 본 적이 있는 것처럼 익숙하다. 고귀한 부처가 아닌 서민의 부처다. 꼭 웃고 있는 것 같다. 눈을 감고 있는 부처도 있다.

교토부 남단시(南丹市)에 청원사(淸源寺)라는 절이 있다. 그곳에 있는 16나한(羅漢, 완전히 깨닫고 공덕을 갖춘 소승불교의 수도자) 중 하나인 아지타 손자(阿氏多尊者)의 불상은 모쿠지키가 조각한 것이라고 한다.

긴 수염에 조그만 주먹밥 같은 코, 살이 잔뜩 오른 광대가 인상 깊다. 눈과 눈썹은 반달이라고 할까, 바나나처럼 생겼다. 마치 웃고 있는 듯한 표정이다.

이 모쿠지키의 불상에서 큰 감동을 받은 것은 그날의 플랫폼 사건이 떠올랐기 때문이다.

나이 든 사람은 젊은 엄마에게 자리를 양보한 여자들처럼 세상일을 분석하고 그 내부에 감춰진 비밀스러운 이유를 추측하는 데 뛰어나다. 젊은 나이라도 질병과 고난을 많이 겪은 사람이라면 자기중심적인 생각에서 벗어나 인생을 관조하는 위업을 수행한다. 어떤 상황에서도 쉽게 화를 내지 않는다. 심신이 미숙할수록 자주 분노한다. 요새는 세상 이치를 분별해야 할 중년에도, 세상 물정에 밝아야 될 노년에도 별것 아닌 일에 화를 내는 사람이 많다. 자신의 입장과 견해만 절대적으로 신용하는 유아성을 떨쳐내지 못했기 때문이다.

인간은 누구나 자신의 편협한 취향으로 세상을 살아간다. 그러다가 경험이 쌓여 원숙해지면 나만이 아니라 타인에게도 그 나름의 미학과 취향이 있음을 깨닫고 인정하게 된다.

우리가 철학자라면 그 차이를 길게 설명할 수도 있을 것이다. 그러나 일반인들, 특히 우리 같은 서민이라면 설명할 말을 찾을 수도 없고, 필요성도 느끼지 못한다.

여러 가지 사고방식을 가진 사람들이 세상에 있음을 새삼 알게 되었을 때 그저 빙그레 웃을 뿐이다. 히쭉거리는 사람도 있겠지만 화가 나지는 않는다. 플랫폼 벤치의 두 여자 중 백발에 몸집이 작은 여자는 웃고 있었다. 모쿠지키의 부처도 웃고 있었다. 웃는 것만으로는 모자라 우는 것처럼 보이는 부처도 있다. 어쨌든 분노하고, 투서하면서 정의가 사라졌다고 한탄하지는 않을 것이다.

정의를 내세워 분노하는 게 잘못이라고는 생각하지 않는다. 그런 감정에만 연연하다간 모처럼 찾아온 개인적인 감동을 잃을까 염려스럽다는 뜻이다.

플랫폼의 두 여자와 모쿠지키 쇼닌이 만든 불상. 전혀 다른 두 광경이 어느 날 내 안에서 즐겁게 연결되었다. 여행이 찾아준 귀한 선물이었다.

허세를 부리지 않는다

사람은 누구나 한 번쯤 위기를 겪는다. 돈이 없어 고생했다, 이혼하려고 생각했다, 아이들과 자살하려고 했다 등등의 위기가 반드시 찾아온다. 젊은 사람들은 그 위기를 숨기는 데 급급하다. 나만 이렇게 비참하게 살고 있다는 굴욕을 사람들 앞에 꺼내놓을 수 없다고 생각한다. 부끄러워서 도저히 말 못한다고 생각한다. 인생의 시간들이 차곡차곡 쌓여갈수록 살다보면 별일을 다 겪는다는 것을 알게 된다.

숨기고 허세를 부리는 까닭은 미숙하기 때문이다. 어느 정도 나이가 들면 숨겨봤자 소용없다는 것을 인정하게 된다. 자신의 비밀을 숨기고 싶다면 사람이 살지 않는 숲이나 산에서 혼자 사는 수밖에 없다. 평범한 일상이라면 자신이 어떤 처지에 놓여 있는지 주변에 숨길 수가 없다.

허세를 버리지 못하는 사람들은 인생을 모른다. 인생이란 무슨 일이 벌어질지 알 수 없는 곳임을 자각하지 못하는 것이다. 내가 조심하면 그만큼 자동차 사고의 위험이 줄어들지만 아무리 조심해도 저쪽에서 달려들거나, 빙판길에 내 차가 미끄러져 들이받는 돌발적 사고는 막지 못한다. 그래서 우리는 매년 한 살씩 더 먹을 때마다 마음속으로 각오를 더욱 단단히 다진다. 내 신상에 어떤 일이 벌어질지 모른다는 현실을 받아들이는 것이다. 현실을 인정할 때 난 언제나 건강하다, 난 부족함이 없다고 말하지 않아도 타인에게 무시받거나 나 홀로 비참해진 것 같은 기분에 사로잡히지 않는다.

몇 년 전부터 시간을 쪼개 림프마사지를 받고 있다. 겨드랑이 밑에서 삶은 달걀을 세로로 절반 쪼갠 크기의 응어리가 만져졌다. 살이 쪄서 군살이 생겼나 싶었는데 의사 말로는 관절에 군살이 붙는 경우는 없다고 한다.

나도 모르는 사이에 림프가 모이는 곳에 응어리가 생겼다. 나의 직업과 관련이 깊다. 나에게 노동이란 의자에 앉아 움직이지 않는 시간들을 뜻한다. 농사나 어업에 종사하는 사람들과 달리 노동이 길어질수록 나는 운동 부족에 허덕인다. 젊어서부터 무슨 운동이든 시작하면 금방 몸에 이상이 생겼다. 바지런히 집안을 돌아다니며 이것저것 돌보는 게 가장 좋았다. 그 결과 림프가 모이는 손발 부근의 움직임이 극단적으로 줄어들었다. 그 생활을 몇 십 년 동안 지속해왔다.

비과학적인 견해일 수도 있는데 인간의 몸에 응어리가 생기는 것은 오랫동안 이어진 심리적인 억압, 즉 스트레스와 깊은 연관이 있음을 깨닫고 있다. 마사지사는 내 몸 곳곳에 뭉쳐 있는 림프를 풀어주면서 이 지경이 될 때까지 암에 걸리지 않은 것만도 행운이라고 말했다. "난 스트레스를 쌓아두지 않거든요. 성격이 나빠서 마음에 안 드는 사람이 있으면 그 앞에서 큰소리로 욕을 막 해요."라고 나름대로 이유를 대봤지만 사람들 앞에 나서기를 싫어하는 내가 조직을 맡은 것 자체가 스트레스로 작용했던 듯 싶다.

용케 암을 비켜갔던 이유는 내 타고난 성품이 허세와는 거리가 멀었기 때문이라고 믿는다.

"세상에서 일어나는 일들이 내게도 일어나고, 사람들이 품고 있는 생각이 내 안에도 있다."

이것이 나의 인생철학이다. 슬퍼해도 놀라지는 않는다. 매사에 숨김없이 행동하고, 뜻밖의 사태도 온전히 받아들이는 사람들은 성격이 쾌활하고 밝다는 공통점이 있다. 반대로 자신의 운명을 부당하게 여기고, 그것을 불운이라 부르며 어떻게든 숨기려는 사람들은 평소에도 '어둡다'는 평을 흔히 듣는다. 나의 바탕색은 검은색이라고 생각하지만 후천적인 노력으로 밝아지는 기술을 익혔다.

우연한 기회에 〈밀터스〉라는 격월지에서 히브리 학자인 마에지마 마코토 씨의 에세이를 발견했다. '마태오 복음서' 5장 48절에 나오는 예수님의 가르침, "그러므로 하늘의 너희 아버지께서 완전하신 것처럼 너희도 완전한 사람이 되어야 한다."는 가르침을 해석한 에세이였다. 예수님이 말씀하신 '완전함'이란 무엇일까. 약한 인간에게 '완전하라'는 명령은

압박처럼 다가올 때도 많다. 익숙하지 않은 요구에 시달리는 기분이다. 신약은 그리스어로 쓰였는데 예수님이 말씀하신 '완전함'의 히브리어는 '샬렘'이다. '샬렘'은 '자연 그대로의 상태'를 뜻한다. 구약 '신명기'는 철로 만든 끌 등을 사용하지 말고 자연에서 주운, 있는 그대로의 원석으로 제단을 쌓으라고 명령한다. 남는 부분이나 모난 곳을 끌로 깎아내면 훨씬 보기 좋겠지만 히브리인들은 '주운 그대로의 원석'을 '에벤 셰레마'라 부르며 단을 쌓았다. 모양이 가지런하지 않다보니 쌓는 데 품이 많이 든다. 히브리인들은 '완전함'이란 인간의 손길이 가미되지 않은 처음 그대로의 모습이라고 믿었다.

"사람은 언제쯤 완전해졌다고 말할 수 있을까요. 자신의 있는 그대로를 인정하게 되었을 때입니다. 모양을 가꾸지 않고 '이게 바로 나입니다'라고 마음으로부터 말할 수 있게 되었을 때 그는 '완전함의 길'에 서 있는 것입니다."

마에지마 씨의 에세이는 이렇게 끝나고 있었다. 보기에 말끔하지 않아서 그렇지 꾸미지 않은 자신도 제단을 쌓는 돌이 될 수 있다.

나이 들어 늙고 병든 끝에 죽음이 다가오지만 그때가 언제인지는 모른다. 어떤 인생을 보내든 만년에 자신을 돌아보는 냉철한 눈을 가질 수 있다면 더없이 훌륭한 삶일 것이다.

사람들과 어울려라

누구나 젊었을 때 나이 든 후의 자신을 여러 모로 생각하고 계획한다. 선택하는 삶의 방식은 크게 두 가지다. 혼자만의 독립된 생활을 추구하는 사람과 일찌감치 자신의 신변을 공동생활의 비호 아래 맡기려는 사람이다. 선택의 기준은 건강이다. 나와 배우자가 건강하다면 상관없지만 그렇지 않다면 한 끼 식사도 큰일이다. 예전 같으면 자녀들이 부모와 연상의 형제, 자매를 보살펴줬지만 요새는 부모를 모시는 게 자녀의 임무라고 생각하지 않는 경우가 흔하다.

내가 아는 분들 중에도 무조건 독립을 주장하는 사람들이 있다. 정원을 좋아하므로 집이 허술해도 단독주택이 최고라고 말한다. 또 내가 먹고 싶은 음식을 해 먹으려면 아이들과 사는 게 불편하다고 말한다. 실버타운을 거부하고 자기가 좋아하는 요리를 늙어서도 손수 해 먹는 갸륵한 먹보 노인들도 있다. 요리는 하찮은 가사처럼 보여도 종합적인 판단을 요구한다. 늙은 뇌의 노화 방지에는 무척 효과적이라는 것을 최근에야 알게 되었다.

나는 성격 때문에 실버타운 등에는 '가지도 않을 테고, 갈 수도 없다'고 말하는 사람도 여럿 봤다. 집단생활에 어울리지 못하면 따돌림을 당하는 수가 많다. 여럿이 지내다보니 마음이 맞지 않는 사람도 있다. 그런 사람과 같은 테이블에 앉아 재미도 없는 화제에 맞장구칠 자신이 없다는 것이다. 현관에서 잠깐 마주친 것뿐인데 "어디 가세요?" 하고 일일이 물어보는 사람도 귀찮다. 그렇다고 "일일이 남의 행동에 간섭 좀 하지 마세요." 하고 화를 낼 수도 없는 노릇이다.

어떤 분이 이런 경우 지혜롭게 대처하는 방법을 가르쳐주었다. "잠깐 은행에" 하고 대답하면 "돈 많다고 자랑하나", "백화점에"라고 대답하면 "쇼핑이나 하고 팔자 좋군" 하고 트집을 잡고 싶어 안달이 난 상대에겐 "편지 보내러 우체국에"라고 대답하는 게 가장 좋다고 한다. "저 양반은 매일 하나 못 보내고 불편하겠어"라고 얕잡아 보더라도 공동생활에서 평화 유지에는 무척 도움이 된다는 것이다.

내 성격도 다른 사람과의 공동생활에 적합하지 않다. 한 번 마음에 안 들면 겉으로 싫은 표정을 감추지 못하므로 앞으로도 공동생활은 피하고 싶다.

하지만 며칠 전 앙드레 루프라는 가톨릭 수사가 1969년에 했던 설교문을 읽고는 눈이 뜨이는 기분이었다. 앙드레 루프가 어떤 인물인지는 자세히 모른다. 내 은사인 다카하시 시게유키 신부님은 홋카이도의 트라피스트 대수도원에 계신다. 그분이 1950년대 후반에 로마에서 학생수사로 성서연구소에 다녔고, 그때 담당교수가 바로 루프 수사였다.

지금은 수도원도 많이 개방되었다. 독실에서 생활하고, 일상생활도 원장 명령만 따르는 게 아니라 개인의 자유가 상당 부분 허락되고 있다. 그러나 옛날 수도원에서는 공동생활이 가장 중요한 수행이었다. 밤에 잠들 때도 넓은 방에서 다 함께 잤다. 침대와 침대 사이를 가로막는 얇은 커튼이 프라이버시를 존중해주는 최후의 가림막이었다. 당연히 옆 사람의 숨소리까지 다 들렸다. 식사도, 공부도, 레크리에이션도 모두 함께했다. 1분 1초도 혼자 있을 시간이 없었다. 사정이 이렇다 보니 "공동생활은 최대의 인내다"라는 말까지 나왔다.

지금은 어떤 기숙사든 1인 1실이 기본이다. 친형제와도 한 방에서 지내지 않았다는 아이가 많다. 요즘은 수도원이 옛날과 같이 개인에게 가혹한 생활을 요구하지 않음에도 수도원에서 적응 못하고 포기하는 사람이 갈수록 늘어나고 있다.

앙드레 루프는 공동체를 최우선으로 여기는 수도원생활을 일컬어 '사랑의 학교'라고 불렀다. 처음 듣는 비유였다. 개인의 자유가 허락되지 않는 공동생활은 고통의 원인이 아니라 한 사람 한 사람의 개성과 아집이 한데 어울려 공생을 깨닫고 자신을 연마하는 배움의 시작이다. 그래서 12세기에는 모든 수도원을 '사랑의 학교'라고 불렀다고 한다.

"형제(수도원생끼리 서로를 부르는 호칭)에 대한 사랑을 통해 하느님을 만납니다. 그 옛날 테르트리아누스(기원 160년경~220년 이후)는 '당신은 형제를 보았다. 그러므로 신을 보았다.' 라고 말했습니다. 이것은 사막의 사부(師父)들이 남긴 언행록에서도 찾아볼 수 있는 고백이며, 현대에도 변함없는 진실입니다.

때에 따라서는 '하느님은 형제를 통하지 않고, 자신과 만나는 것을 허락하지 않는다.' 라고 주장할 정도입니다. 그러나 '당신은 형제를 보았다. 그러므로 신을 보았다.' 라는 수사들의 고백은 일반적인 '보았다' 의 체험과는 다른 의미라고 생각합니다."

기원 3세기 이집트에서 처음으로 은수사(隱修士)로 불리는 사람들이 등장했다. 그들에게 사막은 신을, 그리고 사람과 물질을 고뇌하는 최적의 장소였다.

내 나름의 상상을 덧붙이자면 형제라고는 했지만 수사들은 같은 지붕 아래서 서로를 사랑하기는커녕 인간의 본능에 따라 증오하고 으르렁거리고 싶은 기분이 더 컸을 것이다.

하느님은 어디에 계실까. 인간의 심장도, 인간의 머리 위도 아니다. 성경은 "지금 당신이 보고 있는 그의 안에" 하느님이 계시다고 말한다. 그러므로 신을 만나고 싶다면 누구라도 상관없다. 지금 내 곁에 살고 있는 그들 속에서 신의 존재를 발견해내는 수밖에 없다.

나이 들어 지금껏 경험한 적 없는 공동생활을 하게 되었을 때 고생으로 생각해서는 안 된다. 이제야 비로소 나를 수행할 기회가 주어졌다고 기쁜 마음으로 받아들여야 한다.

우리가 마주 보고 있는 그의 안에 신이 있다면 나는 그 신에게 어떤 모습을 보여야 될까. 이것은 참으로 흥미로운 고민거리다. 분노하며 신에게 시비를 건다면 신은 나의 용맹함을 높게 평가해줄지도 모른다. 왜냐하면 나는 체험을 통해 신이 유머를 좋아한다는 것을 알고 있기 때문이다.

모든 이의 마음속에 신이 있다면 흉악한 살인범의 마음에도 신은 있다. 그것을 증명하는 게 한때 나의 가장 큰 테마였다. 나는 그 대답을 《천상의 푸른 빛》이라는 작품으로 구현해보았다.

1년 넘게 소설을 연재한 직후여서 책을 읽기에는 최고의 심리 상태. 책을 사러 가기가 귀찮아서 신간 대신 집에 있는 책 중에 읽지 못한 책을 이번 기회에 탐독했다. 앙드레 루프의 사상적 배경이 된 에피쿠로스도 읽었다.

에피쿠로스의 철학은 그의 이름에서 유래한 에피큐리오니즘이라고 하는데 '쾌락주의', '식도락, 미식주의' 등으로 번역되고 있다. 때문에 많은 사람이 에피쿠로스가 '주지육림'을 제창한 줄 알고 있지만 그는 절제와 자족을 중시한 철학자였다.

"나는 많은 자들에게 잘 보이려고 애쓰지 않았다. 어떻게 해야 그들 마음에 들 수 있는지를 몰랐고, 내가 아는 것들은 그들의 감각과는 멀리 떨어져 있었기 때문이다."

에피쿠로스의 고백은 타인과의 공동생활에서 얻은 깨달음과 비슷하게 들린다. 그가 남긴 명언 중에 나는 다음과 같은 구절이 가장 훌륭하다고 생각한다.

"인간은 공포 때문에, 그리고 끝없고 덧없는 욕망 때문에 불행해진다. 이것들에 고삐를 맬 수 있다면 축복된 생각을 얻는다."

사람과 어떻게 마주 대할 것인가. 만남과 어울림을 무거운 짐으로 여겨 두려워한다면 타인은 내 불행의 원인이 된다. 그러나 '고삐를 맬 수 있다면' 신과의 만남이 된다. 신과의 만남을 위해서라면 나이 들어 공동생활에 뛰어드는 것도 좋은 경험이다. 목적 때문에 인간은 새로운 생활을 시작하고, 새로 취직을 하기도 한다. 공동생활은 노년이 선사한 새로운 도전이 될 수 있다. 또다시 비극과 희극을 경험하고, 내게 새로운 자극에 적응할 수 있는 힘이 남아 있는지도 확인할 수 있다. 노후를 여생으로 여기고, 쇠해지는 육신을 타성의 힘에 맡겨버리고 포기해버리기엔 아직 이르다.

에피쿠로스는 "내일이 필요하지 않는 자가 가장 행복하게 내일과 만난다."고 말했다. 그의 말대로라면 노년과 더 이상의 삶을 기대하지 않는 병자야말로 세월과의 투쟁에서 가장 유리한 사람들이다.

앙드레 루프는 다음과 같이 설교했다.

"신으로부터의 용서를 생각하지 못한다면 우리는 용서하지 못합니다. 신이 우리의 가난을 채워주시기에 우리는 가난한 자를 채워줄 수 있습니다."

"사랑의 실행은 불쌍히 여기는 마음을 가질 것. 사귐을 끊지 말 것. 신의 '사랑'이 계속 흐르도록 우리도 누군가를 사랑하는 것입니다."

싫어하는 사람과 만났을 때 서로 치고받는 경우도 있지만 대개는 피해버린다. 거북이가 목을 움츠리는 것과 비슷하다. 물어뜯는 것보다는 낫지 않은가 스스로 위로한다.

세상에는 교제를 끊음으로써 상대방에게 깊은 상처를 입히고, 이것으로 보복을 달성했다고 만족하는 사람이 적지 않다.

부모와 연을 끊는 자녀가 그 같은 케이스다. 문제가 없는 부모는 없다. 실제로 아무런 문제가 없는 부모가 있다면 그것만으로도 큰 문제다. 따라서 자녀가 부모를 멀리하는 이유는 얼마든지 있다. 부모를 멀리하지 않고 온전한 관계를 유지하는 자녀는 그 자체로 인생에서 성공했다고 볼 수 있다. 인간의 인내는 내 안의 신이 작용한 결과다. 부모의 과오를 용서하고 애정으로 관계를 유지한다는 것은 그의 안에 신이 살아 있다는 뜻이다.

우리는 가끔이기는 해도 거짓말쟁이이며, 인내심이 부족하고, 이기적이고, 타인의 운명에 박정하다. 그런 우리를 신은 버리지 않았다. 아니, 그런 우리이기에 버리지 않았다고 해야 될 것이다. 앙드레 루프는 성 바오로가 쓴 콜로새 신자들에게 보낸 서간(3장 12절부터 13절까지)을 인용하며 그 이유를 설명한다.

"여러분은 하느님의 선택을 받아 새 생명을 얻었습니다. 하느님의 깊은 사랑과 배려를 입은 사람들입니다. 그러니 여러분도 다른 사람에게 따뜻한 친절을 베풀어야 합니다. 겸손하게 온유와 인내로 관용을 베풀어야 합니다. 남을 용서하고 원한을 품지 마십시오. 주님께서 여러분을 용서하신 것을 기억하고 여러분도 다른 사람을 용서해주십시오."

용서는 정복보다 영웅적인 선택이다. 그러므로 용서는 어린아이와 청년이 할 수 있는 일은 아니다. 오랜 세월의 인생을 통해 노년에 이른 사람, 또는 여러 고난으로 인생이 무엇인지를 알아버린 특수한 상황의 사람들만이 가능한 일이라고 생각한다.

버림받을지라도

매주 일요일 성당에서는 그날 설교시간에 읽을 복음서나 서한이 적힌 주보를 나눠준다. 주보 외의 별지에 색다른 기도문이 실릴 때도 있다. 그중 기억에 남는 구절이 있어 옮겨본다.

"주님께서 그를 지켜주실 것이므로 모든 것을 맡기고자 합니다. 저의 힘이 아닌 주님의 힘으로, 저의 사랑이 아닌 주님의 사랑으로, 저의 지혜가 아닌 주님의 지혜로 지켜주소서.
주님이 품에 안아주소서. 나 대신."

누가 썼는지는 모르겠지만 대단히 훌륭한 기도문이다.
만년의 미학은 한계를 확인하는 데서 시작된다. 청년시절엔 시간적으로도 여유가 있고, 앞으로 어떤 운명적 변화가 찾아올지 모르므로 뭔가 해답을 내리기가 망설여진다.

나이 들어 만년에 이르면 남은 시간은 거의 없다. 내가 할 수 있는 일도 한정되어 있다. 그 때문에 슬프지는 않다. 지금까지 관계 맺은 많은 사람에게 내 마음을 전했고, 그들로부터 내가 어떤 선택을 해야 되는지 알게 되었다.

이 기도문에 쓸데없이 소설가적인 해설을 가미하는 것을 용서해주기 바란다.

많은 사람이 이 기도문은 버림받은 부모, 또는 버림받은 자녀를 위한 기도로 생각한다. 이 세상에 부모를 증오하는 자녀로 태어난 인간은 없다. 그러나 실상은 내 주변에도 부모와 자녀가 더는 손쓸 수 없는 최악의 상황에 치달아 서로 대립하고, 지칠 대로 지쳐 부모가 죽느냐, 자녀가 죽느냐와 같은 외길에 놓인 가정이 적지 않다.

종국에는 자녀가 부모를 시설에 맡기고 발길을 끊는다. 물리적인 버림이다. 시설에 맡겨진 부모는 자식의 처사를 원망한다. 어쩌다 얼굴을 보게 되어도 다툼과 원망의 말만 난무한다. 자녀가 부모를 방문하는 횟수가 줄어들고, 급기야는 심리적으로 자녀는 부모를 완전히 버리고 만다. 부모가 자녀로부터 완전히 버림받는 것이다.

시부모님과 친정어머니는 우리 부부와 마지막까지 함께 사셨다. 잘했다고 칭찬받을 때도 많은데 비겁하고 남들보다 마음이 허약한 내가 혼자서는 골치 아픈 일들을 해결하지 못하고 내가 나를 속이며 그런 상황을 받아들인 것 같아 부끄러울 때도 많다.

　우리 부부가 부모님들을 모시기로 작정했을 때 세 분은 육십대 전반이었다. 시부모님을 모시기 전에 친정어머니가 먼저 우리와 함께 살고 계셨다. 시부모님은 나카노에서 따로 사셨다. 시부모님 중 한 분이 몸살이 나거나 감기에 걸려도 마감 시간에 쫓기기 일쑤인 나로서는 찾아가 뵙는 것도 큰일이었다. 그 시절의 나는 지금처럼 글을 쉽게 쓸 수 없었다.

　다행히 내가 쓴 소설이 제법 팔리면서 꽤 많은 일거리를 떠안게 되었다. 나카노까지 가서 밥을 하고, 된장과 반찬을 준비해도 모레엔 또 어쩌나, 하는 걱정이 가득했다. 지금처럼 편의점에서 오뎅과 깨소금 주먹밥을 살 수 있는 시대가 아니었다. 이럴 바에야 우리 집 근처에 집을 얻어 모신다면 일하는 틈틈이 돌봐드릴 수 있다고 생각했다.

　우리 부부가 이렇게 결정한 데에는 웬만한 남자에 버금가는 내 수입이 큰 역할을 했다. 마침 옆집이 매물로 나왔다. 전부는 무리여서 구옥을 포함한 부지 절반을 구입했다. 이후로는 일사천리였다. 시어머님은 검소한 분이셨다. 구옥을 조금 수리하는 것으로 사시는 데는 불편이 없었다. 보기엔 간단해도 꽤 돈이 들었다. 내 수입이 톡톡히 제몫을 했다.

　돈에 집착하는 인간의 마음을 나는 충분히 이해한다. 만일 그때 우리가 옆집을 사지 못하고, 안방을 나눠 시부모님과 함께 생활했더라면 우리 또한 하찮은 일로 옥신각신했을지 모른다. 그래서 돈만 있으면 다 된다고 생각하는 사람도 심정적으로는 이해가 간다.

시어머님이 제일 먼저 돌아가셨다. 운 좋게도 홀로 남으신 시아버님과 함께 지내겠다는 가정부를 구했다. 집에 여자의 온기가 있을 때와 없을 때의 차이는 매우 크다. 나는 가정부에게 시아버님과 자주 역전의 다방에 함께 커피를 마시러 가달라고 부탁했다. 그리고 시아버님이 손수 커피를 타서 대접하면(시아버님은 본인이 커피를 맛나게 탄다고 내심 자랑스럽게 여기셨다.) "할아버지가 타주시는 커피는 정말 맛있어요."라고 칭찬해줄 것을 당부했다.

만일 우리 집에 경제적인 여유가 없었다면 이런 생활은 턱도 없었다. 시부모님을 돌보면서 소설을 쓸 수는 없기 때문이다. 만약 시부모님을 돌보느라 작업에 차질이 생겼다면 속으로 크게 원망했을 것이다. 내가 쓴 소설은 아무것도 아니다, 내가 소설을 안 써도 세상은 곤란할 게 없다, 라고 말해왔지만 그래도 마음 한구석에서는 시부모 때문에 내 인생이 어그러졌다고 불평을 터뜨렸을지도 모른다.

사소한 갈등 끝에 부모를 저버린 사람이 얼마나 많은지 모른다. 부모에게도 원인이 있다. 타고난 성격이 비뚤어졌거나, 자식들에게 너무 집착하거나, 덮어놓고 인색한 경우 등 이유는 천차만별이다.

부모든, 누구든 싫은 사람과 같이 지내면 병에 걸린다. 세상에는 미워하는 상대를 괴롭히는 것으로 삶의 보람을 찾는 사람도 있지만, 아무리 그렇더라도 증오하는 사람과 함께 지내는 생활은 매일이 지옥이다.

아내가 시아버님을 모시기 싫어하는 부부를 알고 있다. 이유는 모르겠다. 당사자가 말해주지 않는 이상 알아낼 방법이 없다. 대충 짐작은 가는데 구체적인 상황은 모른다. 외아들인 남편은 아내의 계속된 호소에 결국 늙은 아버지와의 별거를 선택했다. 얼마 후 장모가 암에 걸렸다. 공교롭게도 아내는 외동딸이었다. 곁에서 지켜보던 나는 이번 기회에 부부가 시아버님과 장모를 함께 모셨으면 좋겠다고 생각했다. 물론 주제넘게 참견하지는 않았다. 안타깝게도 남편은 내가 아버지를 버린 이상 당신 어머니와 함께 살 수는 없다고 강경하게 나왔다. 남녀의 권리를 똑같이 보장하는 민주주의 시대에 당연한 논리인지도 모른다. 당연하지만 당사자들에겐 잔혹한 논리였다.

어느 한쪽에 치우치지 않은 공평한 결과라고 할 수도 있지만 옛 사람인 나로서는 그들 부부의 사정이 보기 안쓰러웠다. 아들 내외에게 버림받은 아버지는 그 후로 어떻게 하루를 보냈을까. 아침에 떠오르는 해를 보다라도, 점심이 지나 석양이 찾아와도 아들과 며느리의 얼굴은 볼 수 없다. 살아 있는 동안 목소리를 듣지 못할 수도 있다. 그렇게 생각하면 차라리 죽는 게 낫다고 마음을 굳힐지도 모른다. 장모도 똑같다. 딸 내외가 암에 걸린 나를 돌봐주지 않는다. 병문안도 오지 않는 사위를 증오하는 마음은 점점 커져만 간다.

부모가 자식을 버리는 경우도 이에 못지않은 비극이다. 내가 소설을 써서 그런지는 몰라도 성격이 비뚤어진 자녀를 둔 부모가 매일처럼 자행되는 자녀의 폭력에 전전긍긍하며 살아가는 지옥 같은 날들이 어렵지 않게 떠오르곤 한다. 부모가 맞벌이 때문에 집을 비우거나, 교육적 배려를 소홀히 여긴 탓에 자녀가 어긋나는 경우도 많다. 하지만 세상에는 알코올중독에 걸린 아버지와 살더라도, 바람난 어머니가 허구한 날 집을 비우더라도 슬픔과 괴로움을 이겨내고 자라나는 훌륭한 아이들도 많다.

함께 살고 싶은 내 아이라도 가출을 되풀이하고, 절도를 저지르고, 야단칠 때마다 화를 내며 흉기를 휘두른다면 아무리 부모라도 함께 살고 싶은 마음이 싹 가신다. 더 이상 서로에게 상처가 되지 않도록 부모가 자녀를 포기하는 상황도 적지 않다.

사람만 놓고 보면 양쪽 모두 평범하다. 그럼에도 "도저히 어떻게 할 수가 없었다"와 같은 관계로 치닫는다. 앞의 기도는 그렇게 헤어진 사람들의 마지막 당부 같은 것이다.

노년과 만년의 지혜로써 짐을 내린다는 게 있다. 목표를 달성하고 짐을 내려놓는다는 뜻이 아니다. 미완인 채 아무 답도 구하지 못하고, 목표를 달성하지 못했어도 짐을 내려놓아야 할 때가 있다. 건강한 사람이라면 목적지인지 확인하고 짐을 내려야겠지만 죽음이 가까운 사람에게 그런 배려는 불필요하다.

사람들 눈을 피해 작은 그늘에 짐을 내려놓는다. 상쾌한 미풍이 우리의 땀이 밴 살결을 부드럽게 위로해준다.

때로는 거짓을 말하라

내 성격을 복잡하게 만들어준 요소가 몇 가지 있다. 그중 하나는 불행이고, 또 하나는 신앙이다. 어린 나에게 가정은 평온한 장소가 아니었다. 부모님의 사이가 나빴기 때문이다. 학교에서 돌아오는 길이면 오늘은 또 무슨 일이 터질까, 하고 조마조마했다. 그때의 경험 덕분인지 불행에는 면역이 생겼다고 자부한다.

그 와중에 여러 구원을 겪었기에 오늘까지 제법 평탄하게 살아올 수 있었다. 잉꼬를 새끼 때부터 길들여 어깨 위에 앉히거나, 뒤를 쫓도록 하면서 그 즐거움으로 집안을 짓누르는 답답한 공기를 이겨낸 적도 있다.

소설을 읽는 것도 나를 구원한 크나큰 즐거움이었다. 소설을 읽고 있을 때만큼은 현실에서 벗어날 수 있다. 현실의 나는 불행해도 상상 속의 나는 결코 불행하지 않다. 꽤 이른 나이에 현실과 가공이라는 이중생활이 얼마나 위대한지 알아버렸다.

지금도 나는 좋지 못한 성벽을 버리지 못하고 있는데—이 별난 성벽은 부모님에게서 물려받은 나쁜 DNA의 결과로 여간해서는 고쳐지지 않는다는 것도 알고 있다—어린 시절의 이중생활 덕분이다. 아버지에게 얻어맞는 어머니를 감싸려고 아버지에게 대항했다가 얼굴이 부어오를 정도로 얻어맞은 날이면 학교에서 친구들에게 거짓말을 해야 했다. 잠결에 일어나다가 기둥에 부딪혔다느니, 옻나무를 만졌다느니, 그때그때 거짓말을 생각해냈다. 그때 살았던 오래된 집은 뚱뚱한 어머니를 위해 화장실이 꽤 넓었다. 바닥에는 옻칠을 했고, 몇 년에 한 번은 다시 칠했다. 그래서 내 거짓말은 그럴 수도 있는 거짓말이었다. 주먹에 맞아서 부어오른 얼굴과 옻나무를 만져서 부어오른 얼굴은 당연히 다르다. 지금이라면 그 정도로 부정확한 거짓말을 하지 않았겠지만 그때는 충분히 통할 것이라고 유치하게 확신했다. 그렇게 소설 쓰는 능력이 키워졌는지도 모른다. 소설이란 '뿌리와 잎이 있는 거짓말'이니까.

거짓말이 필요한 생활 탓인지 거짓말이 자꾸 늘어나는 사람도 있고, 거짓말에도 노력이 필요하므로 귀찮아서 하지 않게 되었다는 사람도 있다. 거짓말을 하지 않고 견뎌온 사람이 한 번의 거짓말로 유혹에 넘어가거나, 거짓말을 밥 먹듯 하던 사람이 진실을 한 번 말하고는 거짓말을 하지 않게 되었다는 경우도 있다. 따라서 불행한 가정이 범죄자를 만든다는 세상의 편견도 거짓말이다.

그 시절의 나에겐 거짓말을 싫어하는 감정도 있었을 것이다. 확실치는 않다. 거짓말을 할 수밖에 없는 상황이었고, 거짓말을 반복하다보니 거짓말에 점점 익숙해졌다. 거짓말에 능숙한 인격으로 성장했다. 나중에 거짓말이 어리석고 귀찮은 짓이라는 걸 알게 되었지만 그래도 필요하다면 거짓말을 했다.

요즘 세상에는 정직한 사람이 참 많다. 특히 노인들은 매우 정직하다. 기분 나쁘면 입을 꾹 다문 채 "고마워요"라는 말을 끝끝내 하지 않는다. 몸이 불편하고, 어울릴 상대가 없어 우울해졌기 때문이라고 하는데 일리가 있다. 어린 시절의 기억을 떠올려보면, 또 내가 몸소 익힌 체험으로 말한다면 정직만으로 세상을 살아가지는 못한다. 자신의 겉모습을 상황에 맞게 꾸미려는 최소한의 의지가 필요하다.

가톨릭 신자가 된 후 성경을 배웠다. 성경을 공부하면서 사랑이란 무엇인가, 라는 정의에 흥미를 느꼈다. 성경에서 '사랑'이라고 번역되는 그리스어는 두 개다. 아가페와 필리어다. 세상에서 흔히 말하는 사랑은 필리어다. 상대에게서 신뢰와 존경, 사랑스러움을 느끼고, 상대방 또한 나에게서 같은 감정을 느끼는 관계이다. 성경이 말하는 '사랑'은 필리어가 아니다. 성경이 요구하는 사랑은 아가페다. 아가페는 상대의 부응도, 거부도 상관하지 않고 성실하게 사랑을 전한다. 진정으로 그를 사랑한다면 그가 나의 사랑을 받아들이든, 받아들이지 않든, 때로는 미움을 받더라도 사랑한다는 그 마음에 성실해야 한다. 인간이므로 "저런 놈은 죽어버렸으면 좋겠어"라고 생각하더라도 그가 정말 죽게 되었을 때는 구원의 손길을 내민다. 그 외에는 정서적인 행위, 즉 진짜 사랑이 아니라는 게 성경의 가르침이다.

바꿔 말하면 진정한 사랑이란 작위적일 수도 있으며, 만들어낸 것일 수도 있다는 뜻이다. 사랑에서 정직이란 보기 좋은 미덕에 불과하다.

노화, 또는 치명적인 병으로 죽음이 시야에 들어왔을 때 인간에겐 하나의 커다란 임무가 주어진다. 속으로는 어떨지라도 남은 시간을 되도록 밝게 지내야 한다는 임무다. 이유는 간단하다. 주위 사람들을 불편하게 만들지 않기 위해서다. 그리고 살아 있는 사람들에게 죽음과 질병은 그다지 결정적인 불행은 아니라는 것을 몸소 증명하기 위해서다.

죽음과 질병이 결정적인 불행이 아닌 까닭은 태어나면서부터 죽음과 질병이 예정되어 있기 때문이다. 만일 갑자기 하늘에서 운석이 떨어져 국토의 절반이 궤멸하거나, 어느 날 아침부터 태양이 떠오르지 않게 된다고 해도 우리는 대처할 방법이 없다. 왜냐하면 이런 일을 겪게 될 확률은 거의 없다고 배워왔고 상상해본 적도 거의 없기 때문이다. 반면에 질병과 노화, 결과로써의 죽음은 누구나 뇌리 한편에 새겨두고 살아간다. 질병과 노화, 죽음은 정상적인 과정이다. 내 눈이 세 개라면 이상하게 느껴질 수밖에 없다. 눈이 세 개인 사람은 나밖에 없기 때문이다. 다른 사람은 모두 눈이 두 개다. 따라서 눈이 두 개인 나도 그들과 다름없이 정상이다. 정상을 판별하는 이유치고는 우스워 보여도 기분은 묘하게 안정된다.

　남과 다르지 않다는 것은 눈에 띄지 않아서 좋다. 눈에 띄는 걸 좋아하는 사람도 있지만 남들 눈에 띄는 순간 개인적인 평안은 뒤로 미뤄진다. 자유도 방해받는다. 유명한 왕족이나 정치적 권력자가 행복하지 않다고 말하는 이유가 여기에 있다.

　정상이라는 자각은 겸손과 밀접한 관계가 있다. 정상적인 평범한 상태는 각자의 견해에 따라 전혀 다른 인상으로 받아들여진다. 평범한 생활은 싫다, 남과 다른 개성이 없으면 시시하다, 라고 생각하는 사람도 있지만 그런 사람도 한 번이라도 병을 앓게 되면 평범한 생활의 위대함을 절감한다. 평범함이 진리로 다가오는 까닭은 겸손해졌기 때문이다. 평범한 생활에 대한 기억이 사람을 겸손하게 만드는 것이다.

　노년세대는 "건강이 제일 중요해요. 나이를 먹을수록 그런 생각이 들어요."라고 말한다. 평범한 생활은 건강할 때나, 젊었을 때는 별로 중요성이 느껴지지 않는다. 젊은 사람에게 걷는 것과 먹는 것과 배설하는 것은 당연한 일과다.

　그러나 일흔 살이 되고, 여든 살이 되면 당연했던 일과가 점점 낯설게 느껴진다. 허리와 무릎이 아파서 걷지를 못한다. 잇몸에 맞지 않는 틀니와 위장병 때문에 마음껏 먹지도 못한다. 신장과 대장이 약해져서 배설도 불편하다. 심각한 경우 기저귀를 차기도 하는데, 아랫도리에서 느껴지는 기저귀의 존재로 인격의 훼손을 느끼는 사람도 있다.

　보통은 변해버린 자신에게 암담해지기 마련이다. 몸의 불편을 한탄하면서 "이러고 사느니 차라리 죽어버리고 싶어."라면서 투정부리고, 간호해주는 사람이 마음에 들지 않는다면서 화를 내면 주위 사람들과의 관계는 점점 더 서먹해진다.

다행히 우리 사회는 국민을 저버리지 않는다. 대다수 아프리카 국가는 국민건강보험도, 생활보호법도, 국민연금도 모른다. 가난한 사람들은 자신의 생활은 부족의 자비와 봉사단체의 여력에 의탁해야 한다. 그들 나라에서 아이를 팔에 안고 구걸하는 모습은 지극히 평범하다.

이들 국가와 비교했을 때 우리는 지상낙원이다. 가족으로부터 버림받아도 사회가 돌봐준다. 제아무리 무력해도 이 사회는 반드시 지붕이 있는 잠자리와 최소한의 식량과 씻을 수 있는 물과 배설할 수 있는 장소를 제공한다. 그렇게 해주는 나라는 많지 않다. 우리는 운이 좋아서 이런 나라에 태어났다. 선진국에 태어나려고 노력한 적도 없고, 누구한테 돈을 내지도 않았다.

따라서 만년에도 우리는 감사를 잊지 말고 밝은 표정으로 살아야 한다. 속으로는 불평불만이 가득해도 겉으로는 밝게 웃음 지을 의무가 모든 만년에게는 있다. 내심 상대방이 마땅치 않아도 사랑을 베푸는 이성적인 행동이 진짜 사랑이다, 라고 성경이 말한 것과 같은 의미에서다. 오래 살아온 사람들은, 또는 병으로 고생하는 사람들은 그 정도 거짓은 몸에 익히고 있어야 한다.

말은 그럴듯하게 했지만 내가 실천할 수 있을지는 모르겠다. 사람은 타인에게 '설교' 한 것과 정반대되는 행동을 보여줄 때가 있다. 이것도 인생의 아이러니다. 나 역시 치매라도 걸리면 견본 같은 노인이 되어 감사를 말하기는커녕 아무한테나 욕을 퍼붓게 될지도 모른다. 몸뚱이가 아파 그럴 기력조차 없게 될지도 모른다. 노년과 병자만이 아니라 모든 사람이 속마음은 그렇지 않더라도 밝게 행동하는 것이 인간으로서의 의무라고 믿는다. 가정적인 불화에 시달린 내 어린 시절의 경험이 그 같은 진리를 대변하고 있다.

 속마음은 어떻든 간에 밝게 웃는다. 이것은 누구나가 할 수 있는 최후의 예술이다. 지옥에 끌려가는 것 같은 낙담한 표정으로 불평을 늘어놓으며 절대로 감사하다고 말하지 않는 노인에게 친절을 베풀기란 상당한 수행을 거친 성인이 아니면 어렵다. 상냥한 대접을 받고 싶다면 내가 먼저 상냥하게 굴어야 한다.

 서툰 노래 솜씨지만 외로운 노인들을 위로하고 싶어 양로원을 찾아다니는 그룹이 있다. 처음에는 분위기가 서먹할 수밖에 없는데 그럴 때면 "일부러 여기까지 찾아와줬는데 열심히 들어주자구요."라고 박수를 유도하는 할머니들이 꼭 한 분씩 있다고 한다. 나도 그런 할머니가 되고 싶다.

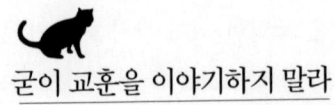
굳이 교훈을 이야기하지 말라

  세상에는 선량한 사람이 많아서 자신과 같은 실패를 자손들이 겪지 않게 하려고 미리 예방책을 세워두곤 한다. 그들의 충고에 귀를 기울이는 착한 아이도 많은데, 나는 착한 아이가 아니었다. 내 아들과 손자들도 나와 비슷하다. 그 때문일까. 내가 겪은 전쟁도, 재해도 '말로 전하는' 것은 불가능하고, 무의미하다.

  1945년 3월 9일 저녁부터 10일 아침까지 도쿄 대공습이 있었다. 비행기소리가 들릴 때마다 다음 폭격은 우리 집이라고 생각했다. 나는 곧 직격탄에 맞아 죽을 것이라고 잔뜩 긴장했다. 긴장은 했어도 죽음 때문에 겁을 먹거나 하지는 않았다. 소이탄이 민가에 떨어져 이웃집이 불타올랐고, 우리는 양동이에 물을 담아 불길을 잡으려고 노력했다. 그날 내 몸은 살아 있다는 실감에 바들바들 떨고 있었다. 그토록 진지하게 몸을 움직이고, 살아남으려면 불을 꺼야 한다는 구체적인 목적에 일말의 의심도 품지 않고 미친 듯이 몸을 움직이는 경험은 인생에서 자주 맛볼 수 있는 순간이 아니다.

갑작스러운 죽음은 차라리 다행이다. 인간은 죽음의 예고를 견뎌내지 못한다. 운 좋게 살아남을 수도 있고, 재수 없게 죽을 수도 있다. 두 가지 가능성을 목전에 두고 인간은 공포에 질린다.

이런 이야기를 들려줘도 당사자가 아닌 타자(이때는 자녀도, 손자도 타자에 해당한다)는 지식으로 받아들일 뿐 실감하지는 못한다. 내 아이들의 감수성이 부족한 때문인지도 모르겠으나, "흥" 하는 표정으로 듣고 있을 뿐이다. 나에 대한 예의로 가만히 있을 뿐 내심 귀찮다는 표정이 역력하다.

노년세대가 죽기 전에 다음 세대에게 지혜를 남기고 싶어 하는 마음은 충분히 이해가 된다. 그러나 요즘 들어서는 그런 베풂 자체가 참견이므로 관여하고 싶지 않아졌다. 대신 다른 사람이 베푸는 것은 방해할 생각이 없다. 나만 하지 않기로 결심했을 뿐이다. 그 결과는 어떨까. 나의 후손은 부모가 체험한 실패를 똑같이 반복하는 어리석음을 저지르게 되는 셈이다. 앞에서 노년이란 불순을 정시할 수 있게 되는 것이라고 여러 번 말해왔다. 성악설도, 성선설도 그 하나만으로 인간이 구성되었다고는 믿어지지 않는다. 인간은 선인 동시에 악이다.

내가 겪은 불운과 불행을 자손들에게 말해주고 나처럼 실패하지 않도록 도와주자, 라는 배려에는 그들에게 인생의 어두운 그림자를 보거나 겪게 하고 싶지 않다는 소망이 있다. 당연히 불행보다는 행복, 위험보다는 안전이 좋을 것이다. 인간은 행복과 안전만으로 완성되지 않는다. 화가가 그림자를 그리지 않는다면 빛은 표현되지 못한다. 그림자를 그리지 않는 인상파 회화는 존재하지 않는다. 인생도 다를 바 없다. 슬픔을 모르는 작가는 인간에 대해 할 말이 없다. 지금껏 내가 사랑한 문학은 모두 슬픔을 이야기했고, 나의 주된 테마도 슬픔이었다. 행복은 현실에서의 체험으로 충분하므로 소설에서까지 다룰 필요는 없다고 생각했다.

전쟁이야기를 들려주는 것은 자신의 사랑이야기를 타인에게 알려주고, 타인도 나처럼 가슴 설레기를 기대하는 것과 똑같다. 내가 얼마나 부자인지, 우리 손자가 얼마나 귀여운지, 우리 집 개가 얼마나 똑똑한지를 자랑하면서 상대도 나처럼 감동하기를 바라는 것과 다름없는 이기주의다. 사랑은 본인에게는 귀한 보석일지언정 다른 사람에겐 지루한 에피소드에 불과하다. 그것도 괜찮다. 축복임에는 변함이 없다.

나는 오늘 하루로 완결되는 자기만의 독자적인 미학으로 살아야 한다고 믿는다. 오늘 하루 중 결코 물러설 수 없는 마음도 있을 것이다. 소홀히 해서는 안 되는 부분도 있을 것이다. 부모님께 효도를 다하고, 직장에서 부정한 일을 강요받더라도 조용히 저항하고, 어려움에 처해 있는 사람을 도와주는 것 등은 평화와 직결된다. 평화운동으로 전쟁에 반대하는 것도 중요하지만 자기를 낳아준 부모를 방치하면서 평화가 무슨 소용인가, 라는 생각이 드는 것도 사실이다.

노년, 혹은 불치병을 앓는 사람에게 반세기 후의 평화보다 오늘 하루의 미학을 하나씩 완수해나가는 삶의 방식이 더 중요한 선결과제다. 죽음을 목전에 둔 인간의 생활이 단정하다면 그로 인해 세상은 조금이라도 평화로워지고, 그 이익은 반드시 사람들에게 전해진다.

  전쟁을 악으로 여기기보다 어리석음으로 이해하는 편이 더 적절하다. 축구팬들이 서로 치고받으며 경기를 망쳐놓는 짓거리에서 인간의 어리석음이 엿보이듯 전쟁을 일으켜 다리와 학교와 집을 파괴하는 것을 보면 대체 어떻게 살 작정으로 이런 짓을 저지르는 것이냐고 물어보고 싶어진다. 전쟁이라는 광기는 어리석음 그 자체다. 그리고 이 세상은 교훈적인 이야기보다는 어리석은 자와 바보 이야기를 통해 마음의 평안을 찾고 거기서 교훈을 얻을 때가 더 많다.

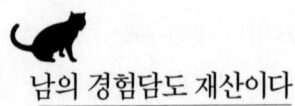
남의 경험담도 재산이다

사람은 누구나 자랑하기를 좋아한다. 내게도 그럴 기회를 허락해주기 바란다. 사실 자랑하는 것처럼 해선 안 될 일도 없다. 자기 자랑은 당사자에게만 즐겁다. 타인으로서는 듣기 지겹다. 그렇게 자랑이 하고 싶다면 요즘은 돈을 받고 남의 이야기를 들어주는 사람도 있으므로 그에게 가서 실컷 떠들면 될 것이다.

악명 높은 나의 자랑거리는 '저금'에 관한 것이다. 자랑 중에도 최악이라고 할 만하다. 여자에게 인기가 있다든가, 경마에서 예상보다 큰돈을 땄다는 이야기라면 듣는 사람도 무척 재미있다. 혹은 싫어하는 상사의 생일에 맞춰 마권을 샀더니 당첨되었다는 이야기를 들으면 나도 한번 해봐야겠어, 하고 괜스레 마음이 들뜬다.

나의 자랑거리인 저금은 이런 자랑과는 약간 다르다. 우선은 돈이 아니다. 금빛으로 빛나는 사람들의 일상에 우연히 입회할 기회가 있었고, 그때의 기억들을 저금처럼 모아놓았다는 자랑이다. 돈과 재산은 내 것이어야만 약간의 쾌락이라도 살 수 있다. 타인이 소유한 돈과 재산이라면 아무 소용도 없다. 하지만 타인으로부터 전해 들은 경험담은 나에게 소중한 재산이 되었다.

젊은 시절부터 여러 세계를 접할 수 있었던 것은 작가라는 내 입장을 적극적으로 이용한 덕분이었다. 프로작가가 아니었다면 변방을 여행할 이유도 없었을 테고, 그곳에서 만난 사람들이 자신의 이야기를 들려주지도 않았을 것이다. 이해력이 좋은 편은 아니었지만 그들이 들려주는 이야기에 항상 기뻐하며 감사하는 마음을 잊지 않았다.

이름도 모르고, 혹은 잊어버린 많은 사람으로부터 그들이 겪은 인생의 단편들을 선물받았다. 그 소장품을 나는 '재산'으로, 또 '저금'으로 관리하고 있다. 내가 보유하고 있는 '저금' 중 하나를 간략하게 소개할까 한다.

나는 석양을 좋아한다. 젊어서부터 그랬다. 삼십대 초반에 목돈이 생겨 카나가와 현의 미우라 반도 서해안에 땅을 사고 집을 지었다. 이때도 남편은 내가 하는 일에 특별한 이유가 없는 한 반대하지 않는다는 원칙을 지켜주었다. 남편은 성격이 너그러운 편이다. 대신 유흥을 즐기거나, 점을 보거나, 도박 등은 싫어한다. 라스베이거스를 여행했을 때도 나는 처음이라 슬롯머신을 조금 해봤는데 남편은 곁에서 구경만 할 뿐 1

달러도 쓰지 않았다. 그래서 나도 게임의 원리를 이해한 후에는 그만두었다. 내 성격은 온순함과는 거리가 멀다. 그래도 가족들이 원치 않는 일이라면 얼마든지 양보한다. 만약 카나가와에 주말별장을 짓는 데 남편이 반대했다면 그만두었을 것이다.

매일 석양을 보면서 나도 모르게 죽음을 떠올린다. 죽는 걸 생각하려고 별장을 지었느냐고 물어보는 분도 있는데, 사람은 즐거움을 위해서가 아니라 어쩔 수 없는 필연적인 성격 때문에 행동을 하는 경우도 많다. 나는 옷을 사거나, 드라이브를 즐기거나, 술을 마시는 데 흥미가 없다. 반면에 바닷가에 머물면 기분이 금세 좋아진다.

내가 석양을 좋아하는 것도 성격 탓이다. 그 성격 때문에 석양과 관련한 많은 이야기를 사람들에게서 들었다. 그중 기억나는 것은 전쟁 직후 미국에 유학했던 어느 청년의 이야기다. 전쟁이 끝난 직후 일본인이 외국을 여행하거나 유학하는 일은 매우 드물었다. 외화보유고가 넉넉한 요즘은 너나없이 외국에 나가 달러를 써대지만 그때만 해도 미국으로 유학을 간다는 것은 부모의 사회적 지위가 상당한, 즉 아들을 미국에서 공부시킬 만한 여력이 되는 특권계층이었다는 뜻이다. 유행하고 있는 배낭여행과는 차원이 다르다.

청년은 동부의 명문대학에서 유학할 예정이었다. 그는 새롭게 변모하는 미국을 보고 싶었다. 로스앤젤레스에서 대륙횡단열차에 올랐다. 비행기 값보다 훨씬 싸게 먹혔기 때문이다.

기차는 중서부의 광대한 평야지대를 지나 한적한 도시에

정차했다. 마침 평원에서 석양이 지는 시간이었다. 훗날 나도 기차를 타고 같은 루트로 여행했다. 역에서 보통 한 시간가량 정차했는데 역전 시내는 마치 할리우드의 서부극 세트장처럼 길을 따라 상점가가 짧게 늘어선 것이 고작이었다.

청년은 그 석양을 보면서 무슨 생각을 했을까. 그가 무슨 생각을 했는지는 본인 외엔 아무도 모른다. 분명한 사실은 그가 그 역에서 내렸다는 것뿐이다. 그것은 정해진 인생에서 내려왔다는 뜻이기도 하다. 청년은 아버지와 가족들의 기대를 저버리고 동부의 명문대 유학을 포기했다. 그에게 준비된 화려한 미래에서 스스로 몸을 감춰버렸다.

그 이야기의 주인공이 누구인지는 나도 모른다. 내게 그런 이야기를 들려준 사람은 청년의 본명을 알려주지 않았다. 차라리 잘되었다고 생각했다. 나는 원래 소문을 싫어한다. 또 청년의 결단에 감동한 기분을 오래도록 맛보기 위해서는 이름을 모르는 편이 더 좋았다.

희한하게도 우연히 만난 사람들로부터 마음속 깊이 담아두었던 이야기를 듣게 되는 일이 많았다. 한 번은 나폴리의 카프리섬에서 호우를 만났다. 관광객 중 노신사가 한 분 있었는데 평범하지 않은 능력을 갖고 있었다. 비를 피해 우리는 산정 근처의(그렇게 생각되는) 어느 건물(교회였는지도 모른다)로 들어갔다. 작은 안뜰을 지나자 석벽이 나왔고, 동굴에서나 자랄 것 같은 식물이 그 위에 듬성듬성 자라나고 있었다.

마침 노신사가 내 옆에 서 있었다. 어깨를 나란히 하고 안

뜰에 쏟아지는 비를 보았다. 불현듯 노신사가 석벽을 타고 오르는 이 식물은 지중해의 어디에서 어디까지에만 자란다고 가르쳐주었다. 그 정확한 지식에 놀란 나는 남편에게, "저 사람, 간첩이었는지도 몰라요." 하고 말했다. 스파이라고 말하면 상대가 알아들을 것 같아서 일부러 '간첩'이라고 말했다.

몇 시간이 지나서야 빗줄기가 가늘어졌다. 나폴리로 돌아가는 마지막 배의 출발시간이 점점 가까워오고 있었다. 우리는 언덕길을 내려 항구로 돌아가야 했다. 막 출발하려는데 노신사는 올라올 때와 같은 길로 내려가서는 안 된다고 나에게 충고했다. 언덕을 올라올 때 움푹 파인 곳이 몇 군데 있었는데 빗물에 침수되어 걸어가기 힘들 것이라고 말했다. 노신사는 계속 퇴로를 확인하며 우리와 동행했다.

시간이 급박해서 우리는 남의 집 뜰을 지나고, 폭우에 무너진 토담을 뛰어넘으면서 간신히 항구에 도착했다. 노신사가 앞장서는 대로 따라갔다.

무사히 배에 타고 카프리 섬을 떠났다. 그제야 한숨 돌리려는데 정신없이 뛰어오다가 어디에 부딪혔는지 손가락에 가벼운 생채기가 났음을 알게 되었다. 피가 조금만 나와서 대수롭게 여기지 않았다. 노신사는 내가 손수건으로 손가락을 감싸는 것을 가만히 지켜보았다. 배가 만 내를 빠져나가자 노신사는 내가 서 있는 난간 쪽으로 다가왔다. 그리고 자신의 지나간 젊은 날을 들려주었다.

오래 전에 그는 영국의 첩보기관에 소속되어 있었다. 역시 내가 상상한 그대로였다. 그의 임무는 영국군의 중동 진격을 서포트해주는 것으로, 병사와 낙타를 위한 오아시스가 어디에 있는지를 조사하는 역할이었다.

임무 도중 어떤 오아시스에서 이상한 인물과 마주쳤다. 중동의 유목민과 똑같은 옷을 입고 있었는데 아무리 봐도 영국인이었다. 그는 영어로 말을 걸려다가 그만두었다. 상대방의 손가락은 백인이라고는 생각되지 않을 만큼 거칠고 두꺼웠다. 결국 남자에게 말 한마디 걸지 못하고 그 오아시스를 떠났다.

나중에야 그 남자가 '아라비아의 로렌스'였음을 알게 되었다. 로렌스가 보고서에서 그에 관한 기록을 남긴 것이다. 최근에 '아라비아의 로렌스'라는 영화를 보았다. 가장 인상 깊은 장면은 로렌스가 아무렇지도 않게 손가락으로 불을 끄는 장면이었다. 불길에 데지 않을 정도로 그의 손가락이 두꺼웠다는 뜻이다. 영화에 에피소드로 등장할 만큼 로렌스의 손가락은 꽤 유명했던 모양이다. 카프리에서 만난 노신사의 체험담과 정확히 일치하는 내용이었다.

노신사는 요크셔에서 햄공장을 운영한다면서 명함을 주었는데 아쉽게도 이 명함을 잃어버리고 말았다. 헤어지면서 두 번 다시 이 사람을 만나지 못할 것이라고 생각했는데 역시나 그렇게 되었다.

노신사는 내 손가락 상처를 보고 옛일을 떠올렸다. 로렌스의 손가락은 저 여자 손가락과 달리 강인했었지, 하고 생각했을 것이다. 비가 쏟아진 덕택에 내가 모르는 재미난 삶의 단편을 듣게 되었고, 그날 이후 비가 오는 날이면 노신사가 들려준 이야기를 되새기곤 한다.

많은 이가 직접 겪은 슬픔과 공포, 또는 일상에서 흔히 볼 수 있는 이야기를 들려준다. 어떤 이야기든 내 마음을 맨손으로 잡아 흔드는 것 같은 울림이 있었다. 선악과 미추(美醜)를 초월한 필연적인 존재감이 넘쳐나고 있었다. 나는 그 현실 앞에 머리를 숙였고, 타인의 인생이라는 압도적인 드라마를 지켜볼 수 있었음에 감사했다.

내게 닿은 모든 이야기에서 감동을 받았고, 그 감동은 지금까지도 남아 있다. 모든 이야기는 나름의 존재 가치가 있었다. 그리고 운명을 받아든 사람들에게서 존경심도 느껴졌다. 존경의 형태가 때로는 왜곡되기도 했지만 이후로 더 큰 무게와 두께로 남았기에 개의치 않기로 했다.

인생의 시간이 길어지면 소설가라는 입장이 아니더라도 타인의 인생을 자주 접하게 된다. 방금 예를 든 이야기에서도 한 사람은 유명인이지만 다른 한 사람은 완전히 무명인이다. 그 둘의 생애가 마주쳤던 찰나에 관한 이야기였다.

슬픈 사랑의 결말도, 더는 이 세상에서 만날 수 없는 사별도 숱하게 들었다. 당사자들은 하나같이 성실한 사람들이었다. 성실하지 못하면 인생의 드라마는 깊어지지 않는다. 어떻게 그런 이야기들이 내 귀에까지 들려서 평생토록 간직해야 할 보물이 되었는지, 그 인과관계에 대해서는 잘 모른다. 우연히 보물을 손에 쥐었고, 소유자가 되면서 자랑해왔을 뿐이다.

무엇을 자랑할지는 개인의 자유다. 나는 여러 사람의 인생에 증인이 되었고, 그 순간과 기억들을 저축하듯 모아 큰 재산을 쌓았다. 이렇게 저축한 재산 덕분에 죽는 그날이 찾아와도 이생에 불만을 품지 않고 부자가 된 기분으로 세상을 떠날 수 있을 것만 같다.

때론 손해를 본다

　어느 날 갑자기 노년과 만년이 찾아오지는 않는다. 긴 세월 끝에 인간은 마침내 거기에 도착한다. 그날에 이르기 전에 사람은 씨를 뿌려야 되는 게 아닐까. 죽기 전에 자신이 무엇을 하고, 어떤 풍경 속에서 살아갈지를 스스로 결정하는 것은 지극히 자연스러운 일이다.
　인생은 소망한 대로 이루어지지는 않는다. 그러나 바라지 않으면 방침도 결정되지 않는다. 아메리카 대륙으로 갈 것인가, 아니면 유럽으로 갈 것인가. 선택에 따라 뱃머리가 향하는 곳은 달라질 수밖에 없다.
　노년은 젊은 시절의 생활에 의해 달라진다는 것이 요즘 들어 내가 실감하게 된 신조다. 누구나가 그렇듯이 청년시절에는 그다지 사려 깊게 행동하지 못한다. 때로는 이기적으로 행동하기도 하고, 좋은 쪽으로든, 나쁜 쪽으로든 정신없이 사는 사람들이 태반이다. 그 기간의 생활태도가 장래를 결정한다.

젊음이 지닌 하나의 특징적인 기능은 '받아들인다', '받는다'는 것이다. 어쩌면 당연한 일인지도 모른다. 젊은이의 성성한 세포는 체험과 지식으로 계산할 수 있는 내용물이 텅 비어 있는 상태다. 따라서 필연적으로 외부에서 유입되는 관념을 받아들일 수밖에 없다.

아쉬운 것은 스무 살이 지나고 서른 살이 지나고, 때로는 마흔이 넘어서도 여전히 받아들일 자세만 취하고 있는 사람이 많다는 점이다. 그들은 나이가 들어서도 세상의 복잡함을 간파해내는 시력을 갖추지 못한다. 인생의 시간은 물건도 아니고, 돈도 아니다. 받아들인다고 해서 저절로 늘어나는 게 아니다. 그런데 우리는 "내겐 사과가 두 개 있습니다. 할머니가 사과 두 개를 주셨습니다. 내가 갖고 있는 사과는 몇 개일까요?"의 정답을 구하는 덧셈만 배웠다.

인간관계 전반을 아우르는 사랑이라는 불가사의한 개념은 학교에서 가르쳐준 덧셈의 법칙을 무시하기 일쑤다. 지금 내 눈에는 두 사람의 형상이 떠오른다. 한 사람은 남자, 한 사람은 여자다. 둘 다 나와 비슷한 또래다.

남자는 일가친척에게는 인색하지 않았다. 가장의식이 투철한 사람으로 곤경에 처한 친척을 도와주지 않고는 마음이 편치 못하다고 말하는 성격이었다. 대신 모르는 사람을 위해서는 아무것도 하지 않았다. 그가 만약 시부야나 신주쿠 거리에서 "아프리카 아이들을 도와주세요!" 하고 외치면서 기부금을 모으는 사람을 만난다면 절대로 지갑을 열지 않을 것이다. 첫째로 사기꾼일 수도 있다, 둘째로 드넓은 아프리카를 돌아다니며 곤경에 처한 아이들을 도와주기란 매우 어려운 봉사활동이어서 아무나 할 수 있는 일이 아니기 때문이다.

아프리카에서 기부금을 현지의 '소개자'에게 건네주면 그 사람이 일부를 수수료로 챙긴다. 내가 근성이 나빠서 이런 쪽으로만 생각하는 게 아니라 세상의 상식이 그렇게 통용되고 있다. 아프리카는 부족사회다. 부족 외의 형편이 어려운 사람에게 내 부족과 마찬가지로 공평하게 나눠준다는 발상은 없다. 부족의 우두머리가 먼저 자기 호주머니에 챙기고, 남은 돈을 부족민이 알아서 나눈다.

이보다 먼저 '만난 적도 없는 사람에게 귀한 돈을 내놓을 수 있는가' 하는 마음이 정리되어야 한다. 모르는 사람보다는 가까운 친척부터 도와주는 것이 인지상정이기도 하다. 그 후에 먼 친척에게, 또 모르는 사람에게 측은한 마음을 갖게 된다.

남자는 사회적으로 공을 이루고 명성을 얻은 사람이었다. 이제껏 살면서 모르는 사람에게 관심을 가진 적도 없고, 돈도, 마음도 주지 않았다. 누가 어려운 처지에 있다는 말을 들어도 "미리 대비하지 않았으니까 그런 꼴이 되지." "구제는 정부가 해야 할 일이야."라고 대꾸했다. 대비는커녕 그날 먹고살 돈도 없고, 정부가 있기는 하지만 국민에게 일할 터전을 제대로 마련해주지 않는 국가와 사회에서 살아가야 하는 사람들에 대해서도 그는 같은 말을 뇌까렸다.

친척만 돌보는 것은 자기애의 확대이다. 나와 가까운 인척

관계에 있는 사람의 어려운 처지를 못 본 척하면 언젠가는 그와 혈연관계인 내 아내, 혹은 자녀에게 영향을 미치게 될지도 모른다. 가까운 친척이라면 자주 얼굴을 보게 될 테고, 그때마다 불쾌한 상황이 벌어질 수도 있다. 그럴 바에야 몇 푼 안 되는 돈으로 마음의 평안을 얻는 편이 낫다.

그는 "내 평생 국가로부터 아무런 도움도 받지 않았다."라는 자랑을 입버릇처럼 말했다. 후년에 그는 당뇨병에 걸렸고, 신장이 나빠졌다. 투석이 필요했다. 그때 국가가 도와주지 않았다면 그는 자비로 투석 치료 비용을 조달해야 했다. 그 비용은 남자가 감당할 수 없는 액수였다. 당뇨병 때문에 남자는 한쪽 발을 절단했다. 그 후로도 여러 차례 입원했다. 특별한 치료를 받는 것도 아니니 국민건강보험을 이용했고, 노인보험도 이용했을 것이다.

인생을 '이솝우화'의 교훈과 함께 돌아보는 것을 좋아하지는 않지만 이 남자를 보고 있으면 왠지 성숙하지 못한 가난한 인생의 전형처럼 느껴진다.

또 한 명은 혼자 사는 여자였다. 짧은 기간 결혼을 체험했지만 성격이 안 맞는 남편과는 가망이 없음을 깨닫고 서둘러 이혼했다는 이야기를 들었을 때는 속으로 '정말 잘했군' 하고 생각했다. 나는 사이가 나쁜 부모님 밑에서 자랐다. 아주 어렸을 때부터 '억지로 참으면서 결혼생활을 유지할 필요는 없다'고 생각해왔다. 결혼에 실패하면 결혼에 대한 동경에서 해방되므로 참된 자유인이 된다. 나는 그런 사람들을 볼 때마다 내심 축복을 빌어주곤 한다.

그녀는 지나치게 자유로웠다. 남을 위해서는 1분도, 1시간도, 100엔도, 1000엔도 자신의 것을 내놓지 않으려고 했다. 그녀에게 딱 한 번 부탁한 기억이 있다. 힘든 노동을 강요한 것도 아니고 나 대신 전화 좀 받아달라고 부탁했다. 냉방이 잘되는 방에서 하루만 책을 읽어줄래요, 하고 부탁했다. 그때 왜 그런 부탁을 하게 되었는지의 사정에 대해서는 워낙 복잡해 생략했다.

그녀는 자신의 자유를 속박하는 부탁은 들어줄 수 없다고 딱 잘라 말했다. 그녀 입장에서는 단 하루라도 특정 방에서 책을 읽고 텔레비전을 보면서 전화를 받아달라는 부탁은 '속박'이다. 하지만 나도 그녀를 위해 음식을 준비하고, 가사 등은 부탁하지 않을 만반의 준비를 갖춰놓았다.

결국 나는 '염치없는 부탁'을 거둬들였다. 그녀를 보면서 자유만으로 이 세상을 살아갈 수 있을까, 하는 의문에 잠겼다. 인생에서 남의 부탁을 무조건 거절하는 것은 그다지 좋은 방법이 아니다.

나는 평생 부자유를 당연하게 여겨왔다. 오늘은 푹 자고 싶어도 선약이 있다면 반드시 지켰다. 남편은 프로작가가 되고 싶다면 사회와의 계약을 최우선으로 여겨야 한다고 조언했다. 가족이 아파도 마감이 우선이라는 것이다. 그게 괴롭다면 취미로 소설을 쓰라고 했다.

누가 강요한 것은 아니지만 우리 부부는 시부모님과 친정어머니를 모시고 사는 게 당연하다고 생각했다. 식사준비가 늘어나고 서로 가치관이 부딪히는 일이 많다는 것도 알고 있었다. 하지만 그런 게 인생이라고 생각했다. 때로는 다툼도 있을 것이다. 자기 멋대로 행동해서 다른 사람을 불쾌하게 만들 수도 있다. 하지만 그런 게 인생이다. '평범한 우여곡절' 속에서 발자크와 서머싯 몸의 소설에 등장할 것 같은 슬프고 기쁜 체험들을 얻고, 나이가 들어 중년과 노년이 된다. 인간으로서 자연스레 성숙하는 것이다.

할 수만 있다면 그녀처럼 원치 않는 일에는 관여하고 싶지 않다. 또 그 남자처럼 "국가의 도움 따위는 받고 싶지 않아."라고 큰소리치며 살고 싶다.

그러나 우리는 사람과 관계하지 않고서는 살지 못한다. 관계는 어느 한쪽으로 기울게 마련이다. 지나치게 받는 것을 좋아하는 사람이 되든지, 아니면 많은 것을 주는 사람이 되든지, 둘 중 한쪽을 선택해야 한다. 받지도, 주지도 않고 인간관계를 구축한다는 것은 말로만 가능한 이야기다.

받지 않고 주기만 해도 삶은 피로하다. 주는 것 없이 받기만 한다면 욕심 많은 사람은 더욱 거만해지고, 성실한 사람은 자기를 잃는다. 받기도 하고 주기도 하면서 사람들 틈에 섞여 살아가는 인생이야말로 만년을 풍요롭게 만들어주는 결정적 요인이다.

위에서 예를 든 두 사람 말고도 금전과 생활 모두에서 손해 보기를 싫어하는 사람이 무척 많다. 그런 사람들일수록 시간의 흐름과 함께 존재감이 희미해진다. 지금은 어디서 무엇을 하고 사는지도 모르게 되는 경우가 많다. 그들의 노년까지 사라져버린 것 같아 왠지 쓸쓸하다.

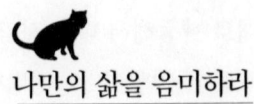
나만의 삶을 음미하라

 소설은 물론이고 수많은 동요를 쓴 사카다 히로오 씨는 2005년 3월 22일 세상을 떠났다. 조문객은 24일에 받는다고 해서 그날 마지막으로 인사를 나눌 생각이었다.
 사카다 씨와 처음 만난 것은 이십대 초반 〈신사조〉라는 동인지에 참가했을 때다. 무명의 신인이 자신의 소설을 세상에 발표하려면 소위 대가로 불리는 작가의 제자가 되거나, 습작을 동인지에 발표하고 메이저 문예잡지의 편집자에게 인정받아야 했다. 〈신사조〉는 도쿄대학 출신들이 생각날 때마다 한 번씩 발행하던 동인지였다. 이후 사카다 히로오, 아라모토 고이치, 남편인 미우라 슈몽 등 세 명이 의기투합해 15호부터 본격적인 활동을 시작했다.
 사카다 씨는 그야말로 눈부신 존재였다. 소설뿐만 아니라

시도 잘 썼다. 음악적인 청력도 대단했다. 사카다 씨는 오사카에서 새롭게 문을 연 아사히 방송의 1기생이었다. 부친도 오사카 재계의 중진이었고, 일가가 보기 드물게 기독교를 믿었다. "사카다는 아사히 방송에서 출세할 거야. 금방 중역이 되고 사장이 되겠지. 우리가 간사이에 놀러 가면 회사차를 보내주고 회사돈으로 잔치를 벌여줄 거야."라고 우리는 잔뜩 기대했는데, 사카다 씨는 입사하자마자 회사를 때려치우고 붓 하나에 목숨을 걸었다.

사카다 씨의 존재가 눈부셨던 까닭은 그가 본인의 재능을 감추려는 듯 언제나 겸손하고 너그러웠기 때문이다. 우리 집은 부모님이 사이가 나빠서 불난 집이나 다름없었다. 그런 환경에서 성장한 나는 고슴도치처럼 심리적인 가시를 외부로 드러내기 일쑤였다. 그에 비해 가족 전원이 아침밥상 앞에서 기도를 하고, 저마다 음악적 재능이 뛰어나서 누가 피아노라도 연주하면 다 함께 찬송가를 부르는 그의 가정은 아름답다 못해 눈부실 정도였다.

우리가 도착했을 때 사카다 집안의 사람들은 목사님을 기다리고 있었다. 입관 직전이었다. 늙은 목사님 한 분이 추적거리는 비를 맞으며 도착했다. 그날 밤 목사님은 유명한 시편 23편을 읽어주셨다.

"주님은 나의 목자, 나는 아쉬울 것 없어라.
푸른 풀밭에 나를 쉬게 하시고 잔잔한 물가로 나를 이끄시어 내 영혼에 생기를 돋우어주시고 바른 길로 나를 끌어주시니 당신의 이름 때문이어라.

　제가 비록 어둠의 골짜기를 간다 하여도 재앙을 두려워하지 않으리니 당신께서 저와 함께 계시기 때문입니다.

　당신의 막대와 지팡이가 저에게 위안을 줍니다.

　당신께서 저의 원수들 앞에서 저에게 상을 차려주시고 제 머리에 향유를 발라 주시니 저의 술잔도 가득합니다.

　저의 한평생 모든 날에 호의와 자애만이 저를 따르리니 저는 일생토록 주님의 집에 사오리다."

　나는 매일 싱가포르의 〈더 스트레이트 타임스〉라는 영자신문을 읽고 있다. 사망광고란도 항상 챙겨 읽는다. 중국인, 인도인, 말레이시아인은 각기 광고문안이 다르다. 마치 문화론을 읽는 기분이다.

　사망을 알리는 문구는 장의사가 골라준 것 같은 "평온하게 돌아가셨습니다"라는 문장과 "주님이 당신의 집으로 부르셨습니다"가 가장 많다. 후자의 출전은 '아마도 시편 23편일 것이다'라고 생각했었는데, 목사님의 설교를 듣다보니 문득 그런 기억이 떠올랐다.

　다케이 목사님의 그날 저녁 설교는——내 마음대로 해석해보자면——사람에겐 인생이라는 술을 따르는 술잔이 주어졌다는 것이다. 요즘은 요릿집에서 술만 고르는 게 아니라 술에 맞는 술잔도 따로 고른다고 들었다. 술잔의 크기와 색깔은 물론이고, 입술에 닿는 요리의 느낌까지 고려해서 술을 각자의 취향에 맞게 즐기기 위해서라고 한다. 술잔 선택에는 개인의 기호에 따라 단맛을 좋아하는가, 아니면 매운 맛을 좋아하는가, 술을 데웠는가, 찬술인가 등의 판단이 더해진다.

다케이 목사님은 술을 마실 때조차 자신의 취향을 생각하는 사람들이 과연 인생이라는 술을 받아야 될 술잔을 고를 때도 나름대로의 수락과 납득을 하고 있는가, 라고 질문을 던지셨다.

신앙인은 신이 술잔을 대신 선택해준다고 믿는다. 신앙에 대한 관념이 없는 사람들은 술잔을 고르는 것도 '운'이라고 생각할지 모르겠다. 철저한 무신론자라면 오직 내 힘으로 인생의 길을 뚫고 나아간다고 외칠 것이다. 오직 자력만으로 어떻게든 인생의 험로를 헤쳐나왔다고 자랑하는 말을 나는 믿지 않는다.

신앙인 중에 신으로부터 받은 자기 술잔에 대해 불평을 터뜨리지 않는 사람은 없다. "좀 더 예쁘게 태어났더라면", "좀 더 똑똑했더라면", "우리 부모가 날 좀 더 이해해줬더라면", "첫사랑이 나를 버리지 않았더라면", "좀 더 큰 도시에서 태어났더라면", "회사가 망하지 않았더라면" 하고 불평을 늘어놓는다. 이들 불평의 원인은 내 책임이 아니다. 모든 사람은 인생이라는 세상에 둘도 없는 술잔을 받았고, 신은 "너한테는 이 술이 최고야"라면서 잔이 넘칠 정도로 술을 따라주었다. 이것은 부정할 수 없는 사실이다.

다케이 목사님은 사람들이 신이 따라준 술에도 불평을 늘어놓는다고 안타까워하셨다. 달다느니, 쓰다느니, 도수가 약하다느니 하는 불평은 누구나 할 수 있다. 정통 프랑스식 레스

토랑에 가면 소믈리에(와인전문가)라는 전문가가 손님이 주문한 요리에 가장 잘 어울리는 와인을 추천해주듯 신은 인간이 헤아리기 어려운 깊은 배려로 술잔에 맞는 인생을 우리에게 허락하신다.

인생을 담아내는 술잔 또한 둘도 없으며, 술잔을 채우는 술도 당연히 신의 특별주문품이다. 각자의 일생은 같은 규격의 대량생산품이 아니다. 때로는 종류가 아리송해도 오랜 세월 술잔을 손바닥에 올려놓고 애지중지하며 술의 향기와 맛을 음미하다보면 어느새 내 입술에 맞는 맛과 향은 오직 이 술뿐이며, 나의 기호와 체질에 어울리는 술잔도 오직 이것뿐이라는 확신을 갖게 된다고 목사님은 말씀하셨다.

신이 나를 위해 마련한 술과 술잔에서 의미를 발견하고, 인정하고, 함께한 시간들에 감사한다. 그것이 신에게 사랑받는 인생이며, 사람의 짧은 생이 도달해야 할 목표다.

다케이 목사님은 사카다 히로오 씨의 생애가 그와 같았다고 직접적으로 언급하지는 않았지만 그의 설교는 우리에게 사카다 씨의 인생이 신에게 얼마나 큰 사랑을 받았는지 짐작하게 해주었다. 그리고 우리에게도 "아직 늦지 않았습니다. 각자의 인생을 좀 더 발견하십시오." 하고 명령하는 것 같았다.

성경은 인간의 생을 부여받은 예수님이 수난을 준비하는 과정에서 겟세마네라는 동산에 올라 피 같은 땀을 흘리고, "만일 그리 하실 수 있다면 부디 이 잔을 내게서 지나가게 해주십시오."라고 기도했다고 증언한다. 예수님의 기도는 자기의 술잔과 술에 불평을 늘어놓으며 "만일 그리 하실 수 있다면 부디 다른 잔과 다른 술로 바꿔주십시오."라는 우리의 기도와는 본질적으로 다르다. 우리에게 약간의 현명함이라도 남아 있다면 술잔에 담긴 술맛에 빨리 익숙해지고 사랑하는 편이 바꿔주실 때까지 불만을 터뜨리는 것보다 낫다.

식당 등에서 '보틀 킵(bottle keep, 주점 등에서 손님이 술을 병째 사서 맡겨두는 것)'을 하는 사람은 인생에 그나마 여유가 있는 사람이다. 술잔까지 맡기는 사람에 대해서는…. 들어본 기억이 없지만 어딘가에 그런 사람이 있는지도 모른다. 그런 사람들은 일에도, 인생에도 여유가 넘치는 사람들이다. 만약 그처럼 여유로운 사람이 있다면 현역에서 일하는 중년은 아닐 테고, 아마도 삶에 여유가 생긴 고령자일 것이다. 앞에서도 몇 번이나 말했듯이 자성하고, 사물의 의미를 생각하는 용기는 고령자의 특권, 즉 죽음을 기다리는 자의 특권이다.

자기 인생의 해설자가 될 수 있는 사람은 오직 자기 자신뿐이다. 세상에는 흔히 타인의 삶을 속속들이 다 아는 것처럼 쓰는 사람이 있는데, 모두에 대해서 그런 해설이 가능하지는 않다.

단지 우리는 타인이 자신의 생애에서 발견한 지혜에 귀를 기울일 수 있고, 가르침으로써 마음에 담아둘 수는 있다.

지금부터라도 늦지 않았다. 단 하나의 술잔, 특별 주문한 미주(美酒)의 맛을 기억하고 싶다.

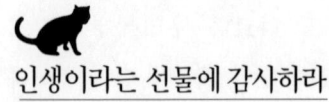
인생이라는 선물에 감사하라

요 근래 나는 우리 가족을 위해 한 가지만 기도한다. '가족의 사랑이 평생토록 계속되게 해주세요.'라는 소원이다. 가족이 서로 위로하고 항상 웃는 생활만 기원하는 것은 아니다. 가족의 이기주의에서 벗어나 이웃들에게도 배려와 다정함으로 다가갈 수 있기를 절실히 원하게 되었다. 제아무리 출세해도, 위대한 업적을 이룩해도 나만 생각하고, 나를 위해서만 시간을 투자하는 생활이라면 그 생활은 가난하게 느껴질 수밖에 없다.

그렇게 기도하고 이어서 우리 부부가 건강하게 오래 살아서 주어진 일들을 모두 끝마치게 해달라는 당부도 잊지 않는다. 그것도 우리가 베풀 수 있는 사랑이라고 믿는다. 인간이 자신의 소원을 신에게 부탁하는 것은 자연의 이치다. 소원이 이루어져도, 이루어지지 않아도 인간은 성장한다는 것을 두 개의 묘비를 보고 배웠다.

내가 처음 이런 생각을 하게 된 계기는 당시 바티칸에서 종교연락사무소 차장을 맡고 있던 시리에다 마사유키 신부님과 주고받은 편지를 잡지에 연재했을 때다. 신부님이 보낸 편지에는 토리노의 무명전사 묘지에 새겨진 묘비명 하나가 적혀 있었다.

나는 인생을 즐기고 싶어서
신에게 모든 것을 달라고 기도했다.
그러나
신은 모든(신의 완전성) 것을 보여주시려고
나에게 인생만 주셨다.
내가 신에게 달라고 한 것은
무엇 하나 주시지 않았다.
그러나
내게 필요한 것들은
모두 이루어주셨다.

참으로 어렵고 뜻 깊은 구절이다. '신의 완전성'은 신학적으로 이해해야 하는데, 나는 학자가 아니므로 되도록 간단하게 고찰하고 넘어갈까 한다.

완전성의 반대개념을 생각하면 의외로 쉽게 이해된다. 우리는 생각이 부족한 사람을 가리켜 '머리가 텅 빈 사람'이라고 부른다. 그들과 비교하면 신은 '텅 빈 것의 반대'가 되는 분이다. 신에겐 지혜, 정의, 명쾌, 용서, 다정, 풍만, 복잡, 사려, 엄격, 부드러움 등 이루 다 말할 수 없는 요소가 가득하다. '완전'을 '충만'으로 옮겨도 될 것이다. 자신의 완벽하고도 완전한 품성을 우리에게 확인해주려고 '나에게 인생만 주셨다'는 의미로 해석할 수 있다.

나뿐 아니라 많은 사람이 눈앞에 아른거리는 단 하나의 희망에 집착한다. 그것을 아는 신께서는 나의 소원을 이뤄주시지 않았다. 그러나 사려 깊은 신은 나에게 필요하다고 생각되는 것들을, 바라지 않은 것들까지 포함해서 모두 준비해놓고 기다리셨다. 즉 신이 선택한 나의 운명은 저마다 깊은 의미가 담겨 있더라는 고백이다.

일본인으로서 무명전사의 삶을 되돌아볼 기회 같은 건 거의 없다. 도쿄 치도리가후치에 무명전사의 무덤이 있다. 외국처럼 수백, 수천 개의 묘지가 나란히 줄지어 서 있는 사이에 드문드문 무명전사의 묘비가 서 있는 광경과는 다르다. 나는 이곳을 지날 때면 잠시 그 자리에 서서 "이름은 모르지만 나는 지금 당신을 생각하고 있습니다."라고 속으로 기도한다. 원래 나는 묘지 걷기를 좋아한다. 좋아한다는 말이 이상하게 들릴지 모르지만 젊었을 때부터 죽음과 친해져야 한다고 생각해서 자주 묘지를 걷곤 했다.

일부러 노르망디의 미군 묘지를 방문한 적도 있다. 이곳은 제2차 세계대전의 노르망디 상륙작전에서 죽어간 미군 전사자들의 무덤이다. 어느 곳을 막론하고 시간적으로 여유가 있으면 빠짐없이 묘비명을 읽는다. 묘비명은 가장 짧은 이력서이며, 전기물이며, 단편소설이다.

군인의 묘비에는 소속부대, 생년월일, 사망년월일, 사망장소, 그 밖에 유족들의 짧은 추도사가 새겨진 경우가 많다. 묘석 맨 위에 그가 믿었던 종교의 상징이 새겨 있기도 하다. 미군묘지는 거의 모두 기독교의 십자가, 유대교의 다윗의 별이 새겨 있다. 불교의 卍이나, 이슬람교의 아라비아 문자는 아직 한 번도 못 봤다.

개중에는 'KNOWN UNTO GOD'라고만 적힌 묘비가 나온다. 이것이 무명전사의 묘비다. UNTO는 영어 TO와 비슷한 쓰임새로 사람들은 그가 누구인지 모르지만 신은 알고 있다는 의미로 해석된다. 요새라면 입대하자마자 DNA를 등록하기 때문에 판명이 불가능한 유체나 유골은 DNA 감별을 통해 신원을 확인한다. 노르망디 작전의 시대에는 오늘날과 같은 신원 확인 방법이 없었다.

군인이 작전 중에 행방불명되는 것을 MIA(전투 중의 행방불명자)라고 한다. 무명전사의 묘에는 MIA 중에서도 자국 군복을 입고 있지만 신원 확인이 불가능한 상태의 유체가 매장되었을 것이다. 그들 중에는 스무 살도 안 된 어린 병사가 있을 것이다. 그가 스무 살까지 살아오면서 어떤 사랑을 하고, 어떤 고통과 슬픔을 맛보았는지는 아무도 모른다. 그 미지의 감각이 내 가슴을 후볐다. 토리노의 무명전사 묘지에 새겨진 비문(碑文)이 내 가슴에 맺힌 통증을 가라앉혀주었다. 그 비문을 쓴 사람은 인간이 상상할 수 없는 지혜와 사랑으로 가득

찬 신께서는 그에게 필요한 것이 무엇인지를 알고 있다고 적었다. 그래서 인간이 눈앞의 소망을 기도해도 신은 들어주지 않은 것이다. 그 대신 그에게 필요한 모든 것은 빠짐없이 베풀어주셨다.

얼마 전에 묘한 인연으로 이 토리노 무명전사의 묘비명과 비슷한 감동을 받았다. 도미오카 고이치로 씨의 《성서를 연다》라는 책을 읽고 많은 생각을 했다. 본문에 뉴욕대학의 재활연구소 벽면에 누군가가 적어놓은 시가 나오는데, 이 시를 사람들은 '어느 병자의 기도'라고 부른다는 것이다.

> 큰일을 하고 싶어 힘을 달라고 기도했는데
> 조신하고 온순하라고
> 약함을 주셨다.
> 보다 위대한 일을 할 수 있도록 건강한 몸을 원했는데
> 보다 좋은 일을 하도록 병든 몸을 주셨다.
> 행복해지려고 부를 바랐는데
> 현명해지라고 빈곤을 주셨다.
> 세상 사람들의 칭찬을 들으려고 권력을 바랐는데
> 신 앞에 무릎 꿇을 힘만을 주셨다.
> 인생을 즐기려고 모든 것을 바랐는데
> 모든 것을 즐기라고
> 생명을 주셨다.
> 바라는 것은 하나도 받지 못했는데
> 주님은 자신을 내게 주셨다.

당신의 기대에 부족한 자임에도 불구하고
말로 하지 못한 마음속 기도는
모두 이루어주셨다.
나는 모든 사람 중에서
가장 많은 축복을 받았다.

지은이는 무명의 환자였다고 알려진다. 토리노의 무명전사 묘비와 분위기가 비슷한 글이다. 둘 중 하나가 한쪽을 본보기로 삼은 것인지, 아니면 양쪽이 참고한 초고가 따로 있는지는 모르겠다.

어디가 먼저인지는 상관없다. 중요한 것은 둘다 세계의 많은 사람들이 공감했다는 점이다. 그들은 인생의 의미를 발견했고, 납득했으며, 그 덕에 희망과 목적을 얻었다.

무명전사라는 카테고리의 공통항목은 젊은 죽음이다. 환자라는 카테고리의 공통항목은 좌절된 희망이다. 좌절된 희망에는 평범하게 수명을 다하고 세상을 떠난 수많은 노인도 포함된다. 나 하고 싶은 대로 다 했다, 충분히 만족한다, 라고 죽기 전에 자랑할 수 있는 사람은 거의 없다. 누구나 미련을 남기고 떠난다. 체념이라는 기술을 터득한 사람 외에는 후회가 남는다.

인생의 의미를 발견하는 것만큼 즐겁고 눈부신 목표는 없다. 그 발견은 의무교육을 통해서도, 유명대학에 입학하는 것으로도 부족하다. 굳이 방법을 찾는다면 많은 책을 읽고, 슬픔과 감사를 알고, 이타(利他)를 습관화하고, 모든 상황에서 즐거움을 찾다보면 인생의 의미에 조금은 빨리 다가설 수 있을 것이다. 환자 중에는 병을 통해 건강했을 때보다 훨씬 인간적으로 훌륭해진 사람도 많다. 그렇다고 병들기를 희망하거나, 타인을 병들게 해서는 안 된다. 인간의 가장 큰 소망은 건강이다. 다만 신은 인간을 위해 '보험'을 들어놓았다. 인간은 건강하게 사는 것이 좋다. 하지만 건강을 잃더라도 좌절할 필요는 없다. 건강을 잃는 대신 인간적으로 찬란하게 빛나는 길이 남아 있기 때문이다. 이 길이야말로 운명의, 그리고 운명의 배후에 숨어 있는 신의 다정함이 아닐까.

인생의 무게가 가볍다

 계획부터 완성까지 혼자 수행하는 소설가라는 직업만 경험해봤기에 조직에 대해서는 아무것도 모른다고 생각했다. 뜻하지 않게 조직의 일원이 된 것은 예순네 살 때였다.
 밖에서 취재를 하다보면 조직에서 일어나는 재미난 험담들을 듣기도 한다. "저 사람은 코끼리 몸에 벼룩의 심장이야"라는 식이다. 즉 마음이 작다는 것이다. 인식능력의 한계를 보여주는 시각적인 모순이라고 생각하는데, 몸집이 클수록 마음 씀씀이는 상대적으로 작아 보인다. 반대로 몸집이 작은 사람은 소심하게 굴어도 균형이 잡혔다는 평가를 받고, 몸집이 큰 사람이 결단에 신중해지면 우유부단하다면서 놀림감이 된다.
 나도 옛날 사람치고는 덩치가 꽤 있는 편이다. 내가 너무

커서 며느리로 데려갈 집이 없을 거라고 이웃에게 하소연하던 어머니가 지금도 기억난다. 여자 키 165cm는 요즘 세상에서는 신기할 것도 없지만 내가 처녀였을 시절에는 귀엽지 못한 체구였다.

일반적으로 용기가 없다는 것은 자신이 갖고 있는 무언가를 잃고 싶지 않다는 수동적인 자세다. 나 역시 남들보다는 마음이 작은 편이다. 생활비(그나마도 얼마 안 되는 돈)를 넣어둔 지갑을 어디에 두었는지를 잊고는 몇 날 며칠씩 안절부절못하고 집안을 이 잡듯 뒤진다.

최근에는 확실히 담이 커졌다는 생각이 든다. 내가 만년을 살아가고 있기 때문이다. 이제는 앞이 훤히 보이는 것 같다. 배우 수준은 아니라도 소설가로서 눈에 보이는 대상에 쉽게 감정이 이입되곤 한다. 화장터에 갈 일이 생기면 내 육신이 재가 되는 날을 상상한다. 여행을 떠나기 전날에는 하루 종일 여행 도중에 겪을 수 있는 모든 불행을 예상해본다. 행형개혁심의회 위원으로 교도소 두 군데를 견학했을 때는 수형자가 되어 교도소에 갇힌 나를 상상했다.

만년에 접어들면서 앞날이 보인다는 것은 잃고 싶지 않은 것들이 줄어들었다는 뜻이다. 생명과 돈, 평판, 지위, 명예, 지능 등은 잃어버리기보다는 가지고 있는 편이 분명 생활에 이득이 된다. 이 나이까지 살았으니 언제 죽어도 좋다고 말하는 사람일수록 불치병에 걸렸다는 것을 알면 큰 충격을 받는 법이므로 잃어도 좋다는 허세만은 부리지 않기로 했다.

젊은 날에는 과연 돈이 얼마나 필요한지 어림잡을 수도 없어 난처했다. 자녀가 크면 교육비가 단위가 달라진다. 집에 불이 나거나 남편이 병에 걸려 입퇴원을 반복한다면 어떻게 해야 하나, 하는 걱정도 그치지 않는다. 부모님이 건강하게 언제까지 사실지도 모른다.

우리 부부도 일찍부터 여러 가지 미래를 예상해보았다. 우리 집은 시부모님과 친정어머니, 이렇게 세 분의 노인이 같은 부지 내에 두 채의 집에서 따로 사셨다. 아버지는 어머니와 이혼하고 재혼하여 다른 곳에서 사셨다. 시부모가 사시는 집은 쇼와 초년(1926년)에 세운 오래된 주택. 어머니는 다다미 여섯 장에 목욕탕과 화장실이 딸린 별채에서 사셨다. 그리고 우리 부부가 안채를 사용했다. 한 부지에 집 세 채가 나란히 모여 있었다.

양쪽 부모님을 모시기로 결정했을 때 남편은 앞으로 10년 쯤 지나면 세 분 중 한두 분은 돌아가실지도 모르니 그때는 거처를 한 군데로 정리해서 모셔야겠다고 말했다. 하지만 남편은 그 후로 같은 말을 하지 않았다. 왜냐하면 세 분 모두 당시 일본인의 평균수명을 훨씬 뛰어넘으며 장수하셨기 때문이다. 우리 어머니가 여든셋, 시어머니가 여든아홉, 시아버지는 아흔둘이라는 천수를 누리셨다. 세 분 모두 집에서 임종하셨다. 우리가 기르던 '보타' 라는 성질 나쁜 잡종 고양이마저도 22년을 살았다. 인간의 나이로 환산하면 100세를 넘게 장수한 것이다. 예정과 예상을 빗나가는 현실이었다.

'보타' 까지 장수하는 것을 보면서 나는 우리 집 터가 '풍수가 좋아서' 라고 생각했다. 지금껏 풍수 같은 건 믿어본 적도 없지만 시어머니와 친정어머니처럼 평소에는 건강하다고 할 수 없는 분들이 신부전과 노화로 돌아가실 때까지 장수하신 것을 보면 인간의 힘이란 무력하다고밖에 할 수 없었다. 인간이 생애를 설계한다는 것 자체가 난센스였다.

만년이라면 남은 생애의 설계도 그리 어렵지 않다. 가령 100세까지 산다고 가정했을 때 연간 얼마의 돈이 필요한지를 계산할 수가 있다. 이런 계산은 젊은 시절에는 상상도 못했다.

만년의 좋은 점으로 돈 계산이 전부라고는 말하지 않겠다. 만년의 최대 장점은 앞으로 복잡한 세상이 찾아오더라도 그런 세상에서 헤맬 시간이 짧다는 것이다.

만년은 항상 근사하다. 아무리 언짢은 일이 생겨도 만년이라면 인고의 시간은 길지 않다.

매사에 비관적으로 생각하는 성질은 나의 천성인 듯싶다. 혹은 유아기부터 청춘의 시기까지 남들보다 꽤나 힘겨운 생활이었기에 죽음을 해방으로 받아들이는 버릇이 생겨났을 수도 있다.

세상에서 가장 비참한 운명은 무엇일까. 죽지 못하는 사람이 있다면 그보다 비참한 운명은 없을 것이다. 언젠가 그리스 신화에 정통한 분에게 "그리스 신화는 인간관계의 비참함이 바탕인데 형벌로써 죽음을 허락받지 못한 인물은 없나요?" 하고 물어본 적이 있다. 그분 말로는 그리스 신화에 등장하는 불사(不死)는 모두 긍정적인 의미이며, 부정적인 의미, 또는 형벌로써의 불사는 없다고 한다. (그 말을 듣고부터 기회가 되면 고통에 시달리는 인간에게 죽음이라는 축복을 절대로 허락해주지 않는 신(神)을 소재로 가짜 그리스 신화를 한 편 만들어봐야겠다고 생각했다.)

아틀라스는 하늘을 받들라는 형벌을 받은 거인신이다. 그러나 언제까지 하늘을 떠받들라는 구체적인 기간은 아무 데도 없다. 매일같이 흰죽지참수리에게 간을 쪼이는 프로메테우스는 다음날에도, 또 그 다음 날에도 간이 재생되어 새에게 쪼이는 고통이 반복된다. 다행히 인간의 만년은 그리 길지가 않다. 만년의 괴로움이라면 오래 겪지 않아도 된다. 멋진 해방감이다.

오십을 목전에 두고 두 눈이 중심성망막염과 백내장으로 빛을 잃었다. 선천성 근시가 있었는데 안저(眼底)가 거칠어져 백내장 수술을 해도 어려울 것 같다는 진단을 받았다.

전등을 코앞에 대도 보이지 않았다.

"지금 방에 불 안 켜서 캄캄한 거죠?"

남편에게 물어보면 "아냐, 켰어."라는 대답이 돌아온다. 내 눈은 빛의 존재를 잊어가고 있었다. 그 어둠속에서 나는 미칠 것만 같았다.

내 눈은 더 이상 빛을 못 볼 것이라고 생각했다. 그런 생각을 할 때마다 호흡까지 고통스럽게 느껴졌다. 폐소공포증이 있는 나로서는 시력상실은 생매장보다 더 무서운 일이었다.

그때 나의 유일한 위안은 죽음이었다. 무슨 이유에선지 죽고 나면 사후세계에서 내 눈이 다시 보일 것이라는 희망을 안게 되었다. 절망에 빠진 나에게 죽음은 유일하게 기댈 수 있는 희망이었다.

사람들은 노년이 되었을 때 흔히들 '앞으로 살 날이 얼마 안 남았으니까'라고 말한다. 그 말은 본심과는 반대의 의미를 품고 있다. 속으로는 그렇게 되지 않기를 바라면서 겉으로는 체념한 듯 얼마 안 남았다고 말한다. 하지만 그렇지 않다. 더는 고생하지 않아도 된다. 더는 돈 때문에 걱정하지 않아도 된다. 더는 고통을 참아내지 않아도 된다. 만년은 좋은 일 투성이다. 만년에는 시원한 바람을 쐬듯 인생이라는 무게가 가볍게 느껴진다. 만년은 인간 세상의 커다란 짐에서 벗어났음을 축하하는 밝은 빛이다.

그리스 신화에서 인간의 생명은 클로토(잣는 자), 라케시스(재는 자), 아트로포스(끊는 자)라는 운명의 여신 세 자매가 결정한다. 제우스가 한 사람의 생명이 지니고 있는 무게를 저울에 달아 자매에게 알려준다. 그러면 잣는 자(클로토)가 생명의 실을 자아 올리고, 재는 자(라케시스)가 그 길이를 측량하고, 끊는 자(아트로포스)가 실을 끊는다. 변덕스러운 제우스는 간혹 자기 마음에 드는 인간에게 조금 더 긴 생명을 주기도 한다. 그러나 통상적으로 세 자매가 매일 묵묵히 인간의 생애를 잣고, 재고, 끊는다. 다만 인간은 그 길이를 알 수 없다고 한다.

죽을 때 침묵하라

나를 아는 분들은 내가 솔직하게 말한다고 생각하는데, 결정적일 때는 오히려 속내를 감추는 편이다. 동료작가의 작품은 비평해도 그의 인격과 사생활은 어떤 장소에서도 언급하지 않는다. 상대가 어린아이일지라도, 손자일지라도, 오래 사귄 친구일지라도 반드시 예의를 지킨다. 상대의 프라이버시와 관련해서는 아무 말도 하지 않는다. 내가 냉정해서도 아니고, 관심이 없어서도 아니다. 타인인 내가 그들에 대해 말할 수 있는 부분은 한정되어 있다. 도를 넘어선 관여는 아름답지 않다.

기나긴 인생에서 인간은 자신의 시야, 키, 능력 등에 맞춰 운명을 선택한다. 나도 그랬다. 내 안에는 속속들이 파악하고 있는 전문분야와 아예 모르는 세계가 뒤죽박죽 섞여 있다. 젊은 시절 소설을 쓰기 위해 여러 분야를 공부했다. 남들과 비교했을 때 내가 좀 더 전문적인 지식을 갖췄다고 말할 수 있는 세계가 있다. 반면에 정치와 스포츠에 대해서는 기본상식도 모른다. 정치와 스포츠라는 세계에서 나의 지식은 거의 바닥권이다. 나는 정치의 구조를 모른다. 정치가의 얼굴을 보고 이름이 생각나는 사람은 극히 소수다.

내가 아는 세계와 모르는 세계에 연연하지 않고 자연스레 분리하며 살아왔기에 별다른 불편은 없었다. 모든 걸 아는 척 했다간 언젠가는 들통이 난다. 괜히 나 때문에 다른 분들을 난처하게 할 수도 있다.

소설가라는 직업 때문인지 옛날부터 가족을 관찰하는 것이 취미였다. 가족사까지 파고들어서 내부사정을 탐색하는 것은 아니다. 겉으로 보이는 정보만 가지고 한 집안의 모습을 상상해보고 이해하는 것이다. 당연히 우리 집도 계속 관찰해왔다. 그래서 나는 소설을 쓸 수 있었다.

요즘 들어 듣기 힘들어진 단어 중 '효도'를 빼놓을 수 없는데, 효성 깊은 자녀와 부모의 관계를 살펴보면 왜 '효도'라는 단어가 사라졌는지 알 수 있다. 효성이 깊은 아이는 어렸을 때부터 부모로부터 인내를 배운다. 인내심이 없는 아이가 어디 있겠는가. 그러나 엄격하게 인내를 강요하지 않는 가정에서는 '효도'를 아는 자녀로 성장하기 어렵다.

부모와의 생활에서 부모의 고생을 나눠 가진 체험은 자녀의 마음에 부모라는 존재를 더 크게 각인시킨다. 반대로 부모가 자녀 앞에서 자신의 고난과 고생을 숨기고 아이가 원하는 대로 무조건 들어주는 집에서는 시간이 지나도 자녀의 마음은 어른으로 커나가지를 못한다.

　자녀는 철이 들 나이가 되면 부모로부터 독립한다. 자녀는 부모로부터 독립함과 동시에 부모를 보호해야 한다는 마음을 가져야 한다. 부모가 건강하고 사회적으로 활발히 활동하더라도 사십대의 자녀는 칠십대의 부모를 품에 안고 돌봐야 한다. 그것이 자녀 된 입장이다. 돌본다는 것은 경제적인 보살핌만을 뜻하지는 않는다. 인간의 가치는 경제력으로 매겨지지 않는다. 최소한 사십대라면 정신력에 있어서만큼은 늙은 부모보다 강인해야 한다. 아쉽게도 현대의 많은 자녀들은 이런 자각에서 멀리 떨어져 있다. 중년의 아버지 밑에서 어리광을 부리며 귀엽게 자라난 '미성숙 인간'이 세상을 그릇되게 만들고 있다.

　협박이라는 말에 우리는 갱이나 테러리스트를 떠올린다. 그런데 협박이 가장 자주 등장하는 곳은 가정이다. 가장 간단한 협박은 자녀가 부모에게 무관심한 척 행동하는 것이다. 전화도 안 걸고, 명절에 찾아가지도 않는다. 그런 저질스러운 협박이 부모의 마음을 얼마나 아프게 만드는지 자녀는 잘 알고 있다. 그래서 복수의 수단으로 택한다.

　자녀는 왜 부모에게 복수하려는 것일까. 그런대로 즐겁기 때문이다. 상처받은 부모가 먼저 연락을 하고, 얼굴 좀 보자고 부탁하면 온갖 생색을 부리며 못 이기는 척 만나주거나, 매몰차게 거절하는 것으로 복수를 실천한다. 요즘 어린 세대를 보고 있으면 이런 협박이 앞으로 크게 늘어날 것 같아 염려스럽다.

이야기는 여기서부터 시작이다.

자녀로부터 쓰라린 보복을 당한 부모는 어떻게든 자신의 입장을 외부에 알리려고 노력한다. 마음을 허락한 친구에게 고백하고, 몰래 일기를 쓰기도 한다. 사회적으로 지위가 있는 사람 중에는 매스컴을 동원해 자신의 처지에 대해 대중을 증인으로 세우기도 한다. 이렇게라도 하지 않으면 자신이 죽은 후 자녀에게 당한 협박과 보복이 '사실'로 남겨지지 않기 때문이다.

부모와 자녀가 각자의 입장에서 한 발짝도 물러서지 않으면서 "매스컴에 모든 것을 털어놓겠습니다."라고 폭탄발언을 하는 수준은 아니더라도 자녀의 행실 등으로 갈등이 외부에 노출되는 가정도 있다. 사회적으로 알려진 가정일수록 내부고발의 상처가 크다는 것을 자녀는 알고 있다. 협박자의 계산인 셈이다.

테러와 협박 때문은 아니지만 부모자식 사이에 반론과 설명과 변명이 오가는 것에는 반대다. 진실은 입에 담지 않고 죽는 게 가장 좋다.

그렇기는 해도 누구 하나 내 마음을 알아주는 사람 없이 죽는다는 건 여간 괴로운 일이 아니다. 그런 부모를 보면서 세상은 "저 집 부모는 꽉 막혔어요. 그러니 자식부부도 힘들 거예요."라고 판사라도 된 듯 함부로 떠든다. 실은 자식들이 문제인데도 세상은 정반대의 경우가 더 재미있다며 그런 쪽으로 소문을 내곤 한다.

이럴 때 종교가 필요하다. 나의 엉터리 신앙을 생각하면 남들에게 종교를 권하기가 부끄럽지만, 그래도 내 마음속 어딘가에는 항상 신이 존재했다. 남들이 나를 알아주지 않더라도 신만은 나의 모든 것을 꿰뚫어보신다는 믿음에 용기를 얻었다.

친구 중에 "정말 신이 있을까요?", "난 저세상이 있다는 걸 안 믿어."하고 말하는 사람도 많은데, 나는 그런 친구들과도 아무런 부담 없이 우정을 나눴다. 사람에겐 저마다의 입장이 있고, 그 입장을 타인이 침해할 권리는 없다. 그래도 역시나 누군가는 나만의 입장을 알아줬으면, 하고 바라는 게 사람이다. 신이라도 계셔서 내 진실된 마음을 알아준다면 조금은 덜 쓸쓸하기 때문이다.

신약에 "하느님은 숨겨진 곳에서 숨겨진 곳을 바라본다."는 구절이 있다. 우리가 이불을 뒤집어쓰고 못된 생각을 하더라도 신은 뢴트겐처럼 꿰뚫어본다. 그분 앞에서는 꼼짝할 수가 없다.

신이 존재하면 형편이 나빠지는 상황도 있다. 신이 없다면 바람을 피워도 아내가 모르면 그만이지만, 신이 존재한다면 바람을 피웠다는 사실은 영원히 남는다.

가끔이라도 신의 존재가 떠오른다면 주변 사람이 배신했더라도 죽기 전에 그 일을 어딘가에 기록하겠다는 생각 따위를 해서는 안 된다. 나의 말이 진실이고 다른 사람이 한 말은 모두 거짓이라는 기록을 남기고 세상을 떠나면 살아남은 그 사람에게 깊은 상처가 된다.

내가 남긴 '진실' 때문에 상처받을지도 모르는 누군가를 사랑해야 한다. 증오할 수밖에 없는 적일지라도 그들의 불행을 기도하며 세상을 떠나서는 안 된다. 그럴 바에야 비난의 대상으로 기억하며 죽는 것이 낫다. 변명을 남기고 죽어서 아직 살아 있는 사람들에게 상처를 주고, 새로운 적의를 잉태시키는 것보다 말없이 떠나는 게 사람다운 도리다. 죽어서까지 나의 악의를 세상에 남기는 추악한 관계를 지속하는 것처럼 슬픈 일은 없다. 나라면 절대로 그렇게는 못할 것 같다.

50년 넘게 소설가로서 '지껄여온' 내가 이제 와서 '침묵의 아름다움'을 언급한다면 비웃는 사람이 많을 것이다. 하지만 수치스러운 지껄임도 숱하게 봐왔기에 침묵하는 용기를 남보다 더 높게 평가할 수 있다고 자부한다.

침묵은 신과 조우하는 지름길이고, 다변은 어리석은 인간으로 추락하는 지름길이다. 어리석은 자는 어리석은 자들끼리 모이는 것도 나쁘지는 않지만, 그들이 어리석은 자임을 확인하기 위해서는 먼저 현자의 존재를 알고 존경해야 한다. 침묵하며 죽을 수 있는 인간이 되고 싶다. 침묵하며 세상을 떠난다면 나의 인생도 꽤나 향기로운 시간들로 만족할 수 있을 것 같다.

옮긴이의 말

몇 년 전부터 안티에이징(anti-aging)이라는 말이 유행하고 있습니다.

말 그대로 늙음에 대한 저항입니다. 안티에이징이 유행하면서 화장품 하나를 써도 주름개선이나 미백효과 같은 기능성이 첨가되었는지를 확인하고, 건강보조식품은 수천 가지 종류를 헤아리고, 예전에는 허약한 사람들이나 먹는 걸로 인식되던 비타민 등의 영양제가 세끼 밥만큼이나 친숙해졌습니다.

안티에이징은 연령이라는 시간의 강요 앞에서 인간이 부당함을 느끼고 있다는 반증입니다. 살아온 햇수가 아닌 내 몸의 상태, 내 피부 상태, 젊은 날에 못잖은 두 팔과 두 다리의 근력으로 내가 앞으로 살아갈 날들의 여분을 판단해달라는 요구입니다.

　의학이 발달하고 문명의 수준과 혜택이 늘어날수록 사람의 몸은 점점 더 건강해지고, 평균수명 또한 매년 연장되고 있습니다. 성형의학 등의 기술이 좋아지면서 인력으로 외모를 가꾸고 유지하고 변화시키는 것이 가능해졌습니다. 예전과 비교해봤을 때 현대인들은 놀라우리 만큼 젊어졌습니다. 불과 10년 전의 노년층과 지금의 노년층을 비교해보면 신체활동은 물론이고 정신적으로도 젊고 건강합니다.

　노화에 대한 인간의 저항력은 앞으로도 계속 강력해질 것입니다. 100세 무병장수도 몇 십 년 후가 되면 꿈 같은 이야기가 아닐 겁니다.

　우리가 노화에 저항하는 것을 사명처럼 여기는 동안 잊어버리고 돌보지 못한 중요한 과제가 있습니다. 바로 죽음에 대한 대처입니다. 늙음에 대해서는 거부도 할 수 있고 저항도 할 수 있지만 죽음 앞에서는 순종하는 도리밖에 없습니다. 그런 죽음마저도 항상 늙음의 때에 찾아오는 것은 아닙니다. 나이 들어 죽는 게 당연한 듯 보여도 세상 사람 모두가 천수를 누리고 떠나는 것은 아닙니다. 한국 남성의 40대만 해도 한창 일할 나이에 과중한 업무와 스트레스 등으로 허무하게 세상을 떠나는 경우가 많습니다. 40대 남성 사망률이 세계에서 손꼽힌다는 뉴스가 더 이상 낯설지 않습니다. 과연 그들 중 몇 명이나 자신의 죽음을 예감했을까요? 과연 몇 명이나 오늘 하루를 내 인생의 만년으로서 가꾸고 준비해왔을까요?

　우리들 삶에는 만년이라는 시기가 있습니다. 태어나고 죽는 것이 당연한 이치이듯 죽음 앞에 만년이라는 시기가 도래하는 것 또한 숙명입니다.

그런데 이 만년이란 시기를 정하고 받아들이기가 매우 애매합니다. 소년과 청년과 장년과 노년에 각각 시절이 있고 그에 해당하는 나이가 있지만 만년에는 그와 같이 정해놓은 특정한 때가 없습니다. 앞서 말한 40대 남성이 극심한 업무 스트레스와 운동부족, 흡연, 음주 등으로 불치의 병을 얻어 세상을 떠났다고 한다면 그의 삶에서 만년이라 부를 만한 시절은 30대 후반이 될 것입니다.

10대의 어린 나이에 불의의 사고로 세상을 떠난 소녀가 있다면 소녀의 삶에서 만년은 10대 이전, 즉 또래 아이들이 한창 세상을 배워나갈 유년시절이 소녀에겐 만년이었습니다.

반면에 100세를 훌쩍 넘겨 장수하는 사람들에게 환갑과 고희는 인생의 반환점을 조금 넘겼을 뿐인 한 시기에 불과합니다. 이렇듯 만년은 모든 이의 삶에 공평히 주어지는 통과의례인 동시에 모두가 같을 수는 없는 가장 개성적이고 특별한 시간입니다.

그러나 안타깝게도 많은 분들이 만년이라는 시간을 떠올리며 살아가고 있지는 않습니다. 만년이라고 하면 왠지 죽음이 연상되어 시한부 환자들에게나 국한된 것으로 여깁니다. 본문에서 저자도 말했듯이 사람의 일생은 태어나면서부터 만년을 살아가는 것인지도 모릅니다. 하루하루 만년이 연장되는 만년의 연속인지도 모릅니다. 그렇게 생각하면 노화방지보다 더 중요한 것이 만년에 대한 준비가 아닐까요?

자신의 만년을 준비하는 미학은 궁극적으론 인생의 성찰이자, 계획이며 실천입니다. 오늘 밤 눈을 감으면 당연히 내일의 아침 해가 창가를 비춘다는 감각으로 이제껏 하루를 살아왔다면 이 책을 읽은 다음부터는 내일이 내 삶의 마지막 순간이 될지도 모른다는 감각이 인생에 더해질 것입니다. 24시간이 이토록 길고 소중하다는 것을, 또 그냥 지나쳐왔던 풍경들과 일상들과 사람들이 그처럼 귀하고 값지다는 것을 새삼 느끼고 감동하게 되리라 생각합니다.

루캣유어셀프 __ 단편소설에서 나 다운 삶을 찾다!

001 개를 키우는 이야기 / 여치 / 급히 고소합니다
　　다자이 오사무 지음, 김욱 옮김, 5,900원

002 비곗덩어리
　　기 드 모파상 지음, 최내경 옮김, 5,900원

003 여학생 / 앵두
　　다자이 오사무 지음, 김욱 옮김, 5,900원

004 갈매기 / 산화 / 수치 / 아버지 / 신랑
　　다자이 오사무 지음, 김욱 옮김, 7,900원

005 파리에서의 정사 / 쥘 삼촌 / 아버지 / 몽생미셸의 전설
　　기 드 모파상 지음, 최내경 옮김, 5,900원

006 보석 / 목걸이 / 어떤 정열 / 달빛 / 후회 / 행복 / 첫눈
　　기 드 모파상 지음, 최내경 옮김, 11,200원

얼리퍼플오키드 __ 단편으로 만나는 초기 페미니즘

001 한 시간 사이에 일어난 일
　　최면 / 아내의 편지 / 라일락 / 데지레의 아기 / 바이유 너머
　　케이트 쇼팽 지음, 이리나 옮김, 7,900원

002 징구
　　로마의 열병 / 다른 두 사람 / 에이프릴 샤워
　　이디스 워튼 지음, 이리나 옮김, 9,900원

※루캣유어셀프 시리즈, 얼리퍼플오키드 시리즈는 계속 발간됩니다.

책읽는고양이

조그맣게 살 거야
미니멀리스트 진민영 에세이. 외형적 단순함을 넘어 내면까지 비우는 삶을 사는 미니멀 라이프 예찬론. 군더더기를 빼고 본질에 집중하는 삶을 통해 '성공이 아닌 성장', '평가받는 행복이 아닌 진짜 나의 행복'으로 관점을 바꿔준다. 11,200원.

아버지 가방에 들어가실 뻔
파리를 100번도 더 가본 아트여행 기획자인 아들이 오랜 원망의 대상이었던 아버지와 함께 떠난 단 한 번의 파리 여행을 계기로, 아버지를 이해하게 되고 나아가 가족 내 상처 치유와 관계 회복은 물론, 20여 년 간 일해온 여행업에서도 다시금 맥락을 잡아가는 기적과 같은 변화를 담고 있다. 이를 통해 진정한 '나다운 삶'이란 상처와 조우하는 용기와 언제나 내 편이 되어주고 묵묵히 바라봐주는 가족에 기반함을 전한다. 김신 지음. 13,000원

되찾은 시간
잃어버린 시간을 찾아서 시작한 독립서점 '프루스트의서재'는 단순한 책방이기보다 '나다운 삶'을 실현하는 공간이자 시간이다. 진정성 있는 삶을 찾는 이 책은 '나다움'을 담보로 누리는 우리의 달콤한 풍요에 물음표를 던진다. 박성민 지음. 13,800원.

내향인입니다
홀로 최고의 시간을 보내는 내향인 이야기. 얕게는 내향성에 대한 소개부터 깊게는 사회가 만들어놓은 많은 정형화된 '좋은 성격'에 대한 여러 가지 회의적 의문을 제기한다. 진민영 지음. 11,800원.

오늘 하루 나 혼자 일본 여행
국내 최초의 당일치기 해외 여행 제안서. 도망을 위한 여행은 평소의 여행과는 다른 접근이 필요하다. 아무도 날 알지 못하고 나 또한 누구도 모르는 곳이어야 한다. 그곳에서는 여행자이기보다 이방인이어야 한다. 일상으로부터 멀리 떨어졌다는 절대적 거리뿐 아니라 스스로 분리되었다는 심리적 거리가 더 중요하다. 박혜진 지음. 11,900원

리수
아름다운 나이듦

나다운 일상을 산다
소노 아야코 지음 | 김욱 옮김 | 182면 | 12,000원

아직은 먼 일로 느껴지지만 죽기 전에 무엇을 할 수 있을까 생각해보면 그냥 항상 하던대로 내가 사랑하는 사람들과 일상을 보내는 게 아닐까 싶다. 남편을 위해 가장 익숙한 모습, 익숙한 일상을 만들어주려 했던 소노 아야코. 일상의 존귀함이 느껴지는 책이다.(예스24 에세이 MD 김태희)

후회 없는 삶, 아름다운 나이듦
소노 아야코 지음 | 김욱 옮김 | 184면 | 12,500원

부·권력·명예를 추구하는 과시적인 삶의 자기 파괴를 인식하고, 절망에서도 평온을 찾을 수 있는 삶을 소개한다.

좋아하는 일을 찾는다
사이토 시게타 지음 | 신병철 옮김 | 168면 | 9,900원

인생은 보물찾기와 같다. 보물은 의외의 장소에 숨겨져 있는 경우가 많은데, 그것은 스스로 찾지 않으면 찾을 수 없다. 대수롭지 않은 실패 때문에 고민하거나 망설이지 말고 지금 바로 첫걸음을 내디뎌보라고 조언하는 책.

늙지 마라 나의 일상
미나미 가즈코 지음 | 김욱 옮김 | 248면 | 12,000원

건강한 노년을 위한 구체적인 적응법과 생활법을 전하는 책으로 육체적인 노화에 따른 변화를 어떻게 받아들이고 대처해나가야 하는지를 다룬다.

취미로 직업을 삼다
김욱 지음 | 176면 | 11,200원

몸은 늙어도 뇌는 늙지 않는다고 한다. 나이가 들어 열정이 사라지는 것이 아니라 열정이 사라져서 나이가 든다. 나이듦은 노화가 아니라 진화다.

어떻게 나이들 것인가
미나미 가즈코 지음 | 김욱 옮김 | 180면 | 13,500원

노취를 없애라, 나이 들수록 화장은 필수, 낮의 침대와 밤의 침대를 구분한다 등 구체적인 생활법을 전하는 노년생활백서. 어르신을 모시는 자녀들에게도 필독서다.

나는 이렇게 나이들고 싶다 소노 아야코 지음 | 오경순 옮김 | 286면 | 12,000원
나이듦의 지혜 소노 아야코 지음 | 김욱 옮김 | 176면 | 13,500원
마흔 이후 나의 가치를 발견하다 소노 아야코 지음 | 오경순 옮김 | 246면 | 13,000원

타산지석 시리즈
"여행은 보이지 않는 지도에서 시작된다."

001 영국 바꾸지 않아도 행복한 나라
　　　이식 · 전원경 지음 / 320면 / 컬러 / 15,000원
002 그리스 고대로의 초대, 신화와 역사를 따라가는 길
　　　유재원 지음 / 280면 / 컬러 / 17,900원
003 중국 당당한 실리의 나라
　　　손현주 지음 / 352면 / 컬러 / 13,900원
004 터키 신화와 성서의 무대, 이슬람이 숨쉬는 땅
　　　이희철 지음 / 352면 / 컬러 / 15,900원
005 러시아 상상할 수 없었던 아름다움과 예술의 나라
　　　이길주 외 지음 / 320면 / 컬러 / 14,500원
006 히타이트 점토판 속으로 사라졌던 인류의 역사
　　　이희철 지음 / 244면 / 컬러 / 15,900원
007 이스탄불 세계사의 축소판, 인류 문명의 박물관
　　　이희철 지음 / 224면 / 컬러 / 14,500원
008 독일 내면의 여백이 아름다운 나라
　　　장미영 · 최명원 지음 / 256면 / 컬러 / 12,900원
009 이스라엘 평화가 사라져버린 5,000년 성서의 나라
　　　김종철 지음 / 350면 / 컬러 / 15,900원
010 런던 숨어 있는 보석을 찾아서
　　　전원경 지음 / 360면 / 컬러 / 15,900원

011 **미국** 명백한 운명인가, 독선과 착각인가
　　최승은·김정명 지음／348면／컬러／15,000원
012 **단순하고 소박한 삶** 아미쉬로부터 배운다
　　임세근 지음／316면／컬러／15,900원
013 **이스라엘에는 예수가 없다** 유대인의 힘은 어디서 비롯되는가
　　김종철 지음／224면／컬러／14,500원
014 **싱가포르** 유리벽 안에서 행복한 나라
　　이순미 지음／320면／컬러／15,000원
015 **한호림의 진짜 캐나다 이야기** 본질을 추구하니 행복할 수밖에
　　한호림 지음／352면／컬러／15,900원
016 **몽마르트르를 걷다** 삶이 아플 때 사랑을 잃었을 때
　　최내경 지음／232면／컬러／13,500원
017 **커튼 뒤에서 엿보는 영국신사** 소심하고 까칠한 영국 사람 만나기
　　이순미 지음／298면／컬러／13,900원
018 **왜 스페인은 끌리는가** 자유로운 영혼 스페인의 정체성을 만나다
　　안영옥 지음／232면／컬러／18,900원
019 **대만** 거대한 역사를 품은 작은 행복의 나라
　　최창근 지음／304면／컬러／19,800원
020 **타이베이** 소박하고 느긋한 행복의 도시
　　최창근 지음／304면／컬러／17,900원
021 **튀르크인 이야기** 흉노돌궐위구르셀주크오스만제국에이르기까지
　　이희철 지음／282면／컬러／19,800원
022 **일본적 마음** 김응교 인문 여행 에세이
　　김응교 지음／234면／컬러／14,000원

※타산지석시리즈는 계속 발간됩니다.

간소한 삶, 아름다운 나이듦

1판 1쇄 발행 2010년 12월 15일
2판 3쇄 발행 2020년 3월 24일

지은이 소노 아야코
옮긴이 김욱

펴낸이 김현정
펴낸곳 도서출판리수

등록 제4-389호(2000년 1월 13일)
주소 서울시 성동구 행당로 76 한진노변상가 110호
전화 2299-3703
팩스 2282-3152
홈페이지 www.risu.co.kr
이메일 risubook@hanmail.net

ⓒ 2020, 도서출판리수
ISBN 978-89-90449-93-1 03830

※책값은 뒤표지에 있습니다.
※잘못 제본된 책은 바꾸어 드립니다.
※이 도서의 국립중앙도서관 출판시도서목록(CIP)은 서지정보유통지원시스템 홈페이지(http://seoji.nl.go.kr)와 국가자료공동목록시스템(http://www.nl.go.kr/kolisnet)에서 이용하실 수 있습니다. (CIP제어번호 : CIP 2013010303)